O QUE PODE DAR CERTO

FRANCISCO SOARES BRANDÃO
[Chiquinho Brandão]

O QUE PODE DAR CERTO

A construção da maior empresa de comunicação corporativa da América Latina, das origens à sucessão

imprimatur

© 2021 Francisco Soares Brandão

Este livro segue as normas do Acordo Ortográfico da Língua Portuguesa de 1990, adotado no Brasil em 2009.

PREPARAÇÃO DE TEXTO
Jorge Viveiros de Castro

PRODUÇÃO EDITORIAL
7Letras

REVISÃO
Julia Roveri
Milene Guimarães

PROJETO GRÁFICO / CAPA
Cadu Correa
Michelle Monteiro

IMPRESSÃO E ACABAMENTO
Gráfica Santa Marta

Dados Internacionais de Catalogação na Publicação (CIP)
Tuxped Serviços Editoriais (São Paulo, SP)
Ficha catalográfica elaborada pelo bibliotecário Pedro Anizio Gomes CRB-8 8846

B817p   Brandão, Francisco Soares.

O que pode dar certo: a construção da maior empresa de comunicação corporativa da América Latina, das origens à sucessão / Francisco Soares Brandão; Prefácio de Marcos Trindade. - 1. ed. - Rio de Janeiro : Editora Imprimatur, 2021.

216 p.; il.; fotografias; 15,5x23 cm.

ISBN 978-65-89572-13-8

1. Biografia. 2. Chiquinho Brandão. 3. FSB. 4. Negócios. I. Título. II. Assunto. III. Brandão, Francisco Soares.

CDD 923.8
CDU 929

ÍNDICE PARA CATÁLOGO SISTEMÁTICO

1. Biografia de pessoas do comércio, das comunicações e transportes.

2. Biografia e autobiografia.

2021
Viveiros de Castro Editora Ltda.
Rua Visconde de Pirajá, 580/ sl. 320 – Ipanema
Rio de Janeiro – RJ – CEP 22410-902
Tel. (21) 2540-0076
www.7letras.com.br | www.imprimatur.com.br

Sumário

Prefácio   **9**
Marcos Trindade

Apresentação   **17**

Começo, meio e fim   **23**

Fazer o que gosta   **39**

Entregar sempre mais para o cliente   **63**

O detalhe faz toda a diferença   **89**

Gente mais competente do que a gente   **105**

Organização e disciplina   **123**

Problema é igual a solução   **153**

O maior sucesso é uma sucessão bem feita   **169**

Construir e compartilhar   **185**

Agradecimentos   **207**

Para minha querida Fernanda,

para minha mãe e grande amiga, Regina,

*para meu editor e amigo Jorge Viveiros de Castro,
que trouxe minhas ideias e histórias para este livro,*

*e para todas as pessoas que ajudaram
nessa trajetória e na construção da empresa.*

Prefácio
Marcos Trindade

ESTA É UMA HISTÓRIA DE SUPERAÇÃO. Uma história que pode motivar qualquer um a trilhar o caminho do sucesso, mesmo tendo limitações e dificuldades.

Por que uns têm sucesso, e outros não? Já vi muitas pessoas com excelente formação acadêmica não prosperarem. Gente inteligente que não consegue empreender. Não acredito que uns nascem predeterminados para o sucesso, e outros não. Acredito que os vencedores têm várias características em comum. E uma se destaca: a atitude diante das situações da vida, principalmente das adversas. Aí mesmo que eles fazem acontecer, sem se renderem aos obstáculos. São obstinados realizadores. Sempre envolvidos em algum projeto.

Francisco, Chico ou Chiquinho é uma pessoa de atitude. Sua cabeça é voltada para a solução. Tem foco e energia impressionantes para realizar aquilo a que se propõe. É incansável! Quando termina um projeto, já está se dedicando com toda energia a outro. Sua força para começar é incrível – e maior ainda para finalizar.

Este já é o seu segundo livro. O primeiro fala da vida pessoal e dos amigos. Neste, ele fala de sua vida profissional e dos seus desafios para criar a maior empresa de comunicação corporativa da América Latina.

Conheci o Chico em dezembro de 1991. Em janeiro de 1992, já estávamos trabalhando juntos. Foi um encontro que mudou as nossas vidas. Ao longo desses quase 30 anos, mesmo com algumas poucas discordâncias, sempre estivemos alinhados e focados. Vi como o Chico era obsessivo com as suas ideias. Desde cedo, planejava realizar a melhor empresa de comunicação do país. À época, gostava de usar alguns símbolos para mostrar seu propósito. Em 1991, falou: "vamos fazer da FSB uma McLaren". Foi com a McLaren MP4/6 que Ayrton Senna fez disputadas corridas com Alain Prost e, depois, um campeonato especial, quando venceu Nigel Mansell – piloto que, naquele momento, tinha um carro melhor da parceria Williams-Renault. Hoje, já não há o interesse de antes na Fórmula 1. Não temos mais o Senna. Quanta falta faz gente como o Senna! Era obsessivo e amava o que fazia – tal como Chico.

Chico é também apaixonado por futebol. Quando o Barcelona tinha Messi, Suárez e Neymar, era o melhor time do planeta. Era bonito ver o grupo jogar. A sintonia era espetacular. O toque de bola, o domínio do jogo, a habilidade de cada um... Mas o que mais Chico destacava era a força do conjunto. A força do time.

E então falava: "nós temos que fazer da FSB um Barcelona. Ter os melhores talentos com a gente. E fazer a turma jogar junto. Abrir espaço, dividir, somar e multiplicar. Sem vaidade. Com sandálias franciscanas, e cada um fazendo o seu melhor". E essa foi nossa obsessão diária.

Chico é um flamenguista de raiz e, vendo a qualidade do futebol do seu time, se estivesse iniciando hoje a empresa, diria: "temos que fazer na FSB o que Jorge de Jesus e agora Renato Gaúcho realizam no Flamengo". Haveria uma certa resistência dos meus sócios tricolores como eu, são-paulinos e outros. Mas precisamos reconhecer: o Flamengo está fazendo história.

Aliás, o nome de Landim para presidir o rubro-negro surgiu num dos encontros na casa do Chico. Obcecado pela boa gestão, sempre apoiou seu presidente e a equipe que com ele administra o Flamengo.

Chico é aficionado pela prática de tarefas bem feitas. Nada a que se dedica pode ser 'mais ou menos'. Tem que ficar 'excelente'. Jamais buscou o caminho mais fácil. Com ele, não tem atalho. Entenda-se: Chico quer sempre o melhor, e de forma correta.

Peter Drucker, o pai da administração, disse que "fazer as coisas certas é mais importante do que fazer as coisas de maneira correta". Ao ler este livro, você vai perceber que Chico se dedica às duas formas. Para ele, tão importante como fazer as coisas certas é fazer certo as coisas. Ele fez a coisa certa, quando começou esse negócio, e, dentro do negócio, sempre fez as coisas de maneira correta.

Chico é uma pessoa intuitiva – e costuma acertar nas intuições. Dizem que a intuição é fruto da experiência acumulada. Não resta dúvida, portanto, do tanto de experiência que ele acumula ao longo da vida. Explica-se também o seu talento para se relacionar e se comunicar: é direto, transparente, verdadeiro. E não deixa assunto mal resolvido para outro dia.

Ao ler este livro, você vai perceber a força da simplicidade, a disciplina e a determinação para entregar sempre mais, agindo de maneira clara e assertiva, sob inspiração do bom senso para a tomada de decisões. Vai notar que, com integridade, propósito, foco e organização, você pode realizar o seu sonho.

Chico não apenas imbuiu-se de caminhar rápido, como também quis chegar longe. Sempre foi um construtor de pontes, nunca de muros. Eis que, para realizar o seu sonho, convidou mais gente a compartilhar do projeto. Deixa justamente aí o seu legado. Dividiu poder, dinheiro, espaço. Ao dividir, cresceu mais e mais.

Há estudos segundo os quais pessoas felizes são as que conseguem manter relacionamentos saudáveis na família, com amigos e no trabalho. Chico é o mestre do relacionamento. Gosta de gente e sabe como ninguém receber, abre a casa aos amigos e aos amigos dos amigos.

Além de um prazeroso papo, seus almoços e jantares brindam os convidados com deliciosa comida.

Logo que nos conhecemos e começamos a trabalhar juntos, ele me levou para almoçar com sua mãe, dona Regina, e passamos a nos reunir muitas vezes na casa dela, que se tornou uma verdadeira conselheira. É uma pessoa direta como ele, que diz o que pensa com absoluta transparência.

Foi bem difícil construir esse projeto. Estou há 30 anos com ele nesse desafio. Determinado a fazer as coisas certas, recuou de várias propostas cujo benefício era somente o dinheiro. Era preciso um sentido em tudo para ele topar.

No alto patamar de sua conquista, já poderia vender a empresa e colocar um bom dinheiro no bolso. Chico não quis. Sua opção foi investir em pessoas que pudessem tornar realidade o seu sonho. Tomou, então, a decisão de doar gradativamente suas ações aos sócios que hoje lideram a FSB. Durante os próximos anos, ele reduzirá aos poucos sua participação para que outros sócios cresçam. Com isso, ele perpetua o seu legado.

O verdadeiro sentido da vida não está no dinheiro, no que você acumulou ou conquistou, mas na sua capacidade de doar e espalhar valores e princípios. Você vai perceber que o tempo não destruirá o que você plantou. O tempo pode aniquilar quase tudo... principalmente os seus bens materiais. Mas seus valores, sua generosidade e sua história tornam-se perenes, a partir das pessoas transformadas ou impactadas por sua vida.

No seu DNA, Chico tem a característica das pessoas que amam a vida e por isso nunca param de viver: a capacidade de se doar. Quem doa nunca morre. Chico é um doador: doa seu tempo, doa suas ações, doa para a natureza, doa para os amigos.

Você vai encontrar neste livro o segredo para construir a sua reputação com credibilidade. Algumas das características do Chico, que fizeram dele uma pessoa de credibilidade, são coerência e autenticidade. Ele não consegue mentir. Gosta da verdade. Sua palavra vale.

Com a ajuda dos sócios, construiu uma empresa forte, com 800 colaboradores e 300 clientes. Hoje, a FSB é líder no mercado de comunicação corporativa na América Latina, com uma cultura que tem muito da personalidade do Chico: o detalhe faz toda a diferença; entregar mais do que os clientes esperam; foco no resultado; boas relações construídas com sinceridade e verdade geram resultados; gente melhor do que a gente para trabalhar com a gente; problema é igual a apresentar solução; não deixar nada para depois, o agora é a hora; missão dada, missão cumprida. E assim Chico vai subindo o sarrafo, cobrando mais entregas e resultados.

Se eu fosse definir o Chico em algumas palavras, diria: intenso, amigo, presente e generoso.

Boa leitura!

"Viva uma vida boa e honrada. Assim, quando você ficar mais velho e olhar para trás, poderá aproveitá-la mais uma vez."

DALAI LAMA

Apresentação

Quando estava perto de completar 70 anos de idade, comecei o projeto de um livro de memórias, contando minha trajetória pessoal desde as dificuldades na escola na infância e na adolescência, passando pelas primeiras experiências profissionais até a construção de uma empresa que começou do zero e acabaria se tornando líder no setor de comunicação corporativa no Brasil e na América Latina.

O livro virou uma verdadeira fotobiografia, com uma tiragem não comercial, para ser distribuída entre os amigos, clientes, parceiros e colaboradores. O título, *O que pode dar certo*, remetia a uma palestra do economista Mário Henrique Simonsen, que ouvi quando era aluno do Colégio Santo Inácio, no Rio de Janeiro. Falando sobre os desafios do mercado de trabalho, ele disse que provavelmente apenas duas ou três pessoas teriam verdadeiro sucesso na vida, entre toda aquela plateia de centenas de garotos.

Com a perfeita noção de que eu era um dos piores alunos da turma, e com tantos colegas bem mais preparados, fiquei com a ideia de que seria um dos maiores candidatos a não dar certo na vida profissional. Essa preocupação me acompanhou durante muitos anos.

Passei por diversos colégios, cheguei a cursar a faculdade de Direito, mas não completei os estudos nem consegui aprender a falar outras línguas – uma das maiores frustrações que tenho –, por conta de uma dislexia que só fui descobrir muitos anos depois.

Comecei a trabalhar cedo e busquei vários caminhos: fui estagiário num escritório de advocacia, agente de turismo, tive emprego em banco, trabalhei com moda, com publicidade e até como corretor de imóveis. Sempre tive facilidade de fazer amigos e de me relacionar bem com todo tipo de gente, sempre admirei a iniciativa e o empreendedorismo. Depois de várias tentativas, erros e acertos, pude finalmente encontrar minha verdadeira vocação profissional como empresário na área de comunicação.

Iniciei o negócio sozinho, do zero, no começo da década de 1980, com apenas uma linha telefônica de patrimônio. Hoje é difícil imaginar isso, mas na época uma linha dessas valia bastante. Com o nome de Promoshow, a empresa era voltada inicialmente para a promoção de eventos, e depois foi rebatizada como FSB quando comecei a prestar serviços na área de assessoria de comunicação empresarial.

Era um modelo de negócio novo, visto pelos jornalistas e publicitários como algo de segunda categoria, mas o que eu enxergava era um campo de atuação muito pouco explorado, com enormes perspectivas de crescimento.

Foi o que aconteceu. Depois de quase 40 anos de bastante trabalho e dedicação, hoje a empresa tem mais de 800 colaboradores e atende cerca de 300 clientes dos mais diversos setores, no Brasil e no exterior.

Incentivado pelos amigos, colegas e editores, resolvi aproveitar o mesmo título da fotobiografia para compartilhar com mais gente, neste novo livro, um pouco da minha trajetória como empresário e as melhores lições e receitas que aprendi ao longo da vida. Afinal, o que pode dar certo para um garoto disléxico, com dificuldades no estudo – a começar pelo reconhecimento dessas dificuldades – é também o que pode dar certo para quem gosta de trabalhar e empreender.

Minha matemática é simples: gosto de somar e multiplicar, nunca subtrair. Foi assim, construindo pontes entre as pessoas, me cercando de gente competente e procurando entregar aos clientes sempre mais do que eles esperam receber, que pude estabelecer um negócio bem-sucedido ao longo de tanto tempo.

Em 2021, começo a diminuir minha participação societária para deixar de ser o controlador majoritário da empresa, passando o comando para os outros sócios – a começar por Marcos Trindade, meu parceiro mais antigo, que já vem tocando o negócio há vários anos e assumiu oficialmente como novo CEO em 2018.

Uma das maiores alegrias da minha vida é ver a FSB nas mãos de pessoas que, assim como Marcos, ajudaram a construí-la. Desse modo tenho certeza de que ela está muito bem representada e pronta para seguir em frente cada vez melhor.

Acredito que esse processo de sucessão, fugindo aos modelos tradicionais das empresas familiares ou daquelas que foram vendidas para grandes grupos internacionais na esteira da globalização, faz parte dessas receitas para que a FSB continue sua trajetória de sucesso pelos próximos 40 anos – e ainda muito mais!

Espero que o registro dessa história e dos princípios que ajudaram a construir e consolidar nossa empresa possa servir de exemplo para novas iniciativas e empreendimentos que venham a fortalecer cada vez mais a economia do país, gerando empregos e resultados. Porque quando a gente planta bem e cultiva bem, com certeza vai colher bons frutos lá na frente.

Nos tempos em que a empresa ainda se chamava Promoshow, no início dos anos 80.

Começo, meio e fim

Todas as receitas que segui e que deram certo na vida e nos negócios são na verdade muito simples.

Vou começar este livro pelos princípios. Alguns deles se tornaram uma espécie de mantra, que repito à exaustão e hoje já estão incorporados à cultura da empresa de tal forma que tenho certeza de que continuarão sendo seguidos mesmo depois que eu não estiver mais ali.

Se a ideia é compartilhar essas boas receitas com o leitor, cada capítulo tem como norte algum desses princípios. E é a partir deles que vou contar minha história de empresário, desde as dificuldades para encontrar um caminho na vida profissional, passando pela descoberta de um negócio que eu gostava de fazer e que tinha um potencial enorme de crescimento, que pouca gente via na época, até chegar ao atual processo de sucessão – que também espero implementar de uma maneira inovadora e criativa, sempre seguindo esses mesmos princípios até o fim.

Quando comecei a trabalhar no ramo da comunicação empresarial, coloquei como meta que a FSB poderia não ser a maior, mas seria a melhor empresa do país no setor. Há mais de 40 anos venho me dedicando, dia apos dia, a reunir gente talentosa e competente para ajudar a tornar esse sonho realidade.

Fazer aquilo que a gente gosta e gostar daquilo que a gente faz

A gente passa boa parte da vida trabalhando, e tudo fica bem mais fácil quando a gente tem prazer naquela atividade. Para fazer as coisas bem feitas, com verdadeiro empenho e dedicação, a pessoa tem que gostar do que faz, se envolver de verdade.

Nunca gostei muito de estudar, mas sempre gostei de trabalhar. Tive vários empregos e demorei a encontrar minha vocação, mas a partir do momento em que descobri que tinha uma boa capacidade numa área que eu gostava, encontrei um rumo, um norte, que me levou a construir um negócio cada vez mais sólido – com diversas dificuldades, especialmente no início, muitos desafios e responsabilidades, mas sempre com um grande prazer em realizar um trabalho bem feito.

Quando a gente trabalha em equipe, isso faz uma grande diferença. Para montar ou liderar uma equipe, é importante saber colocar a pessoa certa na função certa, saber cobrar e ao mesmo tempo deixar o profissional estimulado. Quando a pessoa leva jeito para a coisa e gosta daquilo que faz, com certeza ela vai trazer melhores resultados do que aquele que está no negócio apenas pelo salário ou pela obrigação.

No próximo capítulo vou contar um pouco das experiências que tive antes de abrir a empresa e das várias tentativas que fiz em diversas áreas para me estabelecer profissionalmente, até acertar o rumo de vez.

Entregar para o cliente sempre mais do que ele espera da gente

Quando você presta um serviço, seja qual for, é a qualidade do seu trabalho, do atendimento, é a sua capacidade de atender a expectativa do cliente, ou melhor ainda, de superá-la, que vai fazer com que ele volte a contratá-lo.

Isso vale tanto para o restaurante chique quanto para o bar da esquina. Se você viaja para outra cidade e vai a um bom restaurante, encontra lá um ambiente agradável, come uma boa refeição e ainda paga um preço justo... quando você voltar daqui a cinco anos, vai querer ir àquele mesmo lugar.

Esta sempre foi, e continua sendo, a receita mais importante para um negócio bem-sucedido: entregar para o cliente sempre mais do que ele espera da gente. É o que venho buscando realizar desde o primeiro dia na empresa, tentando melhorar a cada dia.

O detalhe faz toda a diferença

Tenho uma obsessão em fazer as coisas bem feitas. Gosto de ajustar, melhorar, aprimorar sempre. E para entregar esse algo a mais para os clientes é preciso ter atenção a cada detalhe. Apresentação, organização, eficiência, pontualidade... seria uma lista quase sem fim para montar uma engrenagem que possa funcionar como um relógio, com a devida precisão.

> *"Conheci o Chico quando eu ainda trabalhava em redação, nos anos 90. Depois de alguns convites, e com mais de dez anos de carreira na imprensa, entrei para a FSB em 2001. É uma empresa que tem claramente a personalidade do dono. A marca e o estilo dele estão presentes em tudo, com uma atenção minuciosa e obsessiva até nos menores detalhes: desde a localização e a decoração até a maneira de agir e a orientação para lidar com o cliente."*
>
> FLÁVIO CASTRO

E por mais que as máquinas estejam cada vez mais presentes no dia a dia como ferramentas importantes, lidamos sempre com pessoas e com as imperfeições humanas. Então, os detalhes também estão ligados à maneira de se relacionar com o outro: saber reconhecer seus erros, consertar rapidamente o que não está dando certo, saber ouvir e entender o problema do outro para poder buscar as melhores soluções.

Bons equipamentos, bons móveis, uma mesa bem arrumada, o quadro de um bom artista na parede, um ambiente agradável para o trabalho e para o atendimento – sempre me preocupei em criar essa identidade para a empresa e em oferecer o melhor que estivesse ao nosso alcance. Dentro da ideia de entregar sempre mais para o cliente, é a soma de cada pequeno detalhe que faz a diferença.

Gente mais competente do que a gente para entregar sempre mais para o cliente

Se a principal meta da empresa sempre foi entregar para o cliente mais do que ele espera da gente, a outra receita importante desse processo é saber delegar, confiar e compartilhar, para montar uma equipe com as melhores cabeças e fazer o negócio crescer.

Ninguém constrói nada sozinho. Desde o início procurei me cercar das pessoas certas, contratar bons profissionais em todas as áreas, e para fazer a empresa ir para a frente de verdade comecei a compartilhar a participação societária com alguns desses profissionais ao longo dos anos, o que foi uma das decisões mais acertadas que pude tomar.

Hoje, com a sucessão em andamento e novos sócios ajudando o negócio a seguir em frente, minha grande alegria é ver de pé um sonho que comecei a construir 40 anos atrás e que está cada vez mais sólido, e passar o comando da empresa para a mão de pessoas que vão poder levar esse trabalho mais adiante.

Planejamento estratégico, organização e disciplina

Sempre tive dificuldade nos estudos, não consegui aprender outras línguas, e somente depois de muitos anos fui descobrir que era disléxico.

Justamente por ter essa dificuldade e por reconhecer minhas limitações, sempre fui muito organizado. Gosto de colocar as coisas no seu devido lugar, assim fica mais fácil achá-las quando preciso delas. Isso me ajudou a ser mais produtivo desde que comecei a trabalhar.

O cuidado que tenho com a organização é o mesmo que tenho com o planejamento, sempre visando produzir o melhor, fazer as coisas bem feitas. Para realizar cada projeto, gosto de planejar ao máximo antes de executar. Quando a gente programa cada etapa, é muito mais fácil conseguir bons resultados, a margem de acerto fica bem maior.

Quem entra nos escritórios da FSB vê logo que esse cuidado com a organização está em toda parte. É uma coisa que sempre cobrei de todos que vêm trabalhar conosco – e se tornou uma marca registrada da empresa.

Com uma meta clara e definida, um planejamento bem feito e um trabalho organizado em cada uma de suas etapas, fica mais fácil conseguir bons resultados.

Problema é igual a solução

Não gosto de perder tempo. Começo o dia com a agenda já definida e bem programada, mas sempre surgem problemas e imprevistos no meio do caminho.

Prefiro agir rápido para resolver as coisas, e felizmente minha intuição costuma apontar para o lado certo na maior parte das vezes. Com o tempo e a experiência, a gente acaba conseguindo acumular mais acertos do que erros.

Quando a gente erra, é importante saber voltar atrás o quanto antes: reconhecer o erro, pedir desculpas, seguir por outro caminho até encontrar uma solução. Isso vale para os negócios e para a vida, para os relacionamentos em geral.

É uma questão de bom senso: é preciso ter a humildade de voltar atrás correndo. Se você tomou uma decisão equivocada, a primeira coisa que tem que falar é "errei", e depois consertar a toda velocidade. Não vale a pena insistir numa decisão equivocada, não faz bem para ninguém ficar remoendo um problema ou deixar algum assunto mal resolvido. Nada melhor do que resolver as coisas da maneira certa e poder seguir em frente.

Por isso não gosto de deixar nenhum problema para o dia seguinte. Quanto mais rápido a gente resolve as coisas, mais fácil é deitar a cabeça no travesseiro para uma boa noite de sono. E assim fica muito mais fácil tocar a vida em frente, sem ficar remoendo alguma questão mal resolvida.

O maior sucesso é uma sucessão bem feita

Tive muitas oportunidades e ofertas para vender a empresa ao longo desses anos. Na esteira da globalização, algumas das principais concorrentes da FSB foram negociadas com grupos estrangeiros, repetindo um movimento que aconteceu em diversos setores da economia.

No escritório da FSB em Ipanema nos anos 90.

Construímos um negócio inovador, que no início não era visto como algo importante e ao longo dos anos foi conquistando essa credibilidade, que hoje é um dos principais patrimônios da empresa. Se a FSB chegou a lugares aonde nunca pensei que poderia chegar, foi por causa da credibilidade, da confiança dos clientes.

A empresa começou num fusquinha, entregando *releases* em redações onde eu mal era recebido. Passados 40 anos dessas primeiras trilhas, pavimentamos o caminho para trafegar numa verdadeira autoestrada, num mundo digital e superveloz, em outro patamar.

Quando veio a onda da globalização, ao invés de vender a empresa e colocar um dinheiro no bolso, preferi investir cada vez mais no projeto de trazer para dentro dela as melhores cabeças, de conseguir bons sócios para tocar junto o negócio e ajudar a crescer.

Afinal, o mais importante são os projetos. O que realmente me deixa feliz é esse trabalho bem feito, do nosso jeito, dentro da cultura da empresa: com seriedade, competência e profissionalismo, buscando sempre a melhor qualidade, ampliando e aprimorando os serviços para os clientes. O sucesso financeiro é consequência de um trabalho bem realizado, mas o valor da empresa vai muito além do que se possa medir em números.

Porque tem coisa que não se compra: credibilidade, honestidade, amizade, confiança. Isso se constrói ao longo dos anos, é uma conquista. Nosso negócio está baseado nesse trabalho sério que desenvolvemos durante todo esse tempo. Hoje felizmente temos uma marca de qualidade muito bem estabelecida.

Ao invés de vender a FSB para um grupo maior, preferi então abrir mão da minha participação na empresa e abrir espaço para novos sócios. Venho fazendo isso aos poucos, apostando em valorizar o trabalho de cada um deles e com isso valorizando também a empresa, estimulando o crescimento das pessoas ali dentro e ao mesmo tempo o crescimento do negócio, com gente boa envolvida no projeto. Sempre acreditei em compartilhar os resultados. Essa aposta deu muito certo e hoje rende bons frutos.

Venho há bastante tempo diminuindo minha participação para ampliar as cotas e o número de sócios da FSB. Em 2019, quando completei 70 anos, resolvi organizar minha saída de maneira gradual, deixando de ser o sócio majoritário e criando metas para novos parceiros ao longo dos próximos anos, abrindo caminho para gente mais jovem que possa trazer resultados cada vez melhores.

Esse movimento de transição, ampliando o número de sócios, criando uma cultura por meio da qual a empresa possa ter uma vida mais longa, é o que me move atualmente, com alegria e entusiasmo. Essas pessoas podem dar continuidade à FSB de uma maneira que respeite os princípios que foram estabelecidos desde o início e que nos trouxeram até aqui.

Fazer o que gosta

Quando eu era criança, a coisa que mais gostava era da vida na fazenda. Passava as férias na Fazenda Recreio, em Poços de Caldas, com minha avó Mathilde, meus tios e primos. Foi ali que aprendi a montar a cavalo, e sempre fiquei muito à vontade no meio daquele pessoal da fazenda, ajudando a cuidar dos animais e das plantações.

Se fosse escolher uma profissão, posso dizer que desde a infância sempre quis ser fazendeiro, como meus tios. Cheguei a tentar trabalhar nisso quando era jovem mas não tive grandes oportunidades para me estabelecer, e a vida me levou para outros caminhos.

Empreendedorismo

As primeiras lições que tive sobre empreendedorismo também vieram da família. Meu tio José Bento de Carvalho Dias era um homem com muita visão de futuro, sempre otimista, sempre olhando para a frente e sempre querendo progredir. Ele tinha uma cabeça excelente para os negócios, apesar de só ter estudado até o primário, e foi uma das maiores influências positivas que tive na vida.

Ele ajudou meu avô a cuidar da família em Poços e depois de casar com minha tia Genoveva se mudou para Morro Agudo, na região de Ribeirão Preto, no início dos anos 50. Foi tomar conta da Fazenda Cruzeiro, que tia Veva tinha recebido de herança. Depois saiu comprando as terras vizinhas, que pertenciam aos irmãos dela, e seguiu desbravando aquela área de Cerrado para ampliar a propriedade. Mais tarde expandiu seus negócios para os lados de Mato Grosso, com plantações de soja, milho e criação de gado.

Outro grande exemplo que tive veio de um contraparente, Renato de Rezende Barbosa. Ele montou uma usina de açúcar na região de Assis, em São Paulo, a Fazenda Nova América.

Era um sujeito que estudava tudo que estava acontecendo no agronegócio pelo mundo afora. Viajava muito para o exterior, pesquisava tudo, e depois aparecia em Poços de Caldas trazendo slides das suas viagens. Ele visitava fazendas em Cuba, nos Estados Unidos, na Austrália, na Nova Zelândia... Ia lá, via, procurava, se informava, chegava aqui e adaptava. Tinha uma visão bastante aguçada sobre o gerenciamento de pessoas, com distribuição de bônus e participação nos resultados. Era um empreendedor nato e me marcou como um empresário que estava à frente do seu tempo.

Sempre gostei da ideia de fazer as coisas acontecerem, de tentar enxergar o que pode estar lá adiante, e sempre acreditei que a gente tem que gerar, criar, mexer, construir. Essas lições foram importantes na minha formação.

Estudante

Ao contrário dos meus tios e primos que viviam e trabalhavam em fazendas, minha mãe, Regina de Carvalho Dias, saiu de Poços de Caldas aos 21 anos, quando casou com meu pai, Carlos Soares Brandão, um advogado dez anos mais velho que ela, e veio morar no Rio de Janeiro, onde nasci.

Estudei no Instituto Freitas Lima e depois no Colégio Souza Leão, onde completei o primário. No ginásio fui matriculado no Santo Inácio, uma das escolas mais tradicionais do Rio, em Botafogo. Ao contrário dos outros colégios, que eram mistos, o Santo Inácio na época era exclusivamente masculino. E bastante rígido, inflexível. Nunca me saí bem nos estudos, mas por outro lado fiz várias boas amizades ali, que mantenho até hoje.

Eu não gostava muito do colégio, e acho que o colégio também não gostava muito de mim: antes de completar o quarto ano ginasial, fui convidado a me retirar. Tive que encarar então o internato marista Nossa Senhora Auxiliadora, em Campinas, onde também estudavam meus primos Marcos, Guilherme e Maurício.

Terminei o ginásio nesse colégio interno e depois voltei ao Rio para cursar o equivalente ao ensino médio de hoje. Vim para o Colégio Andrews, em Botafogo. Naquele tempo a gente optava pelo ensino clássico ou pelo científico, dependendo da área acadêmica escolhida. O científico era mais indicado para quem iria cursar Engenharia ou Medicina, e eu era fraco em química e matemática, nas ciências exatas. Não era a minha praia. Achei que o clássico tinha mais a ver comigo, e até que consegui me sair razoavelmente bem até o vestibular.

Dislexia

Na época da escola, tinha muita dificuldade de concentração. Vivia pensando em várias coisas ao mesmo tempo, sou assim até hoje. Quando era chamado para fazer uma leitura, pulava as letras e as palavras, era um desastre. Isso me dava uma insegurança danada. Também era um dos menores da turma, e tinha que lidar com essa timidez para falar em público.

Só bastante tempo depois, já adulto e estabelecido como empresário, descobri que tinha dislexia. De certa forma, isso explicava muitas das dificuldades que enfrentei em toda a vida escolar, bem como a inaptidão para me localizar, para lidar com mapas e para aprender outras línguas. A maior frustração que tenho é não saber falar outro idioma, acho que cada vez mais essa habilidade é fundamental no mundo de hoje.

Não sei se um diagnóstico precoce teria feito diferença nos estudos. Mas o fato de precisar superar essas limitações para conseguir me estabelecer profissionalmente talvez tenha me ajudado no desenvolvimento de outras habilidades – tanto sociais, como de organização e disciplina – que seriam fundamentais na carreira de empresário.

Ao trabalho

No último ano do ensino clássico, no Andrews, fiquei de segunda época – a mesma coisa que hoje chamam de "recuperação" – e minha mãe resolveu que eu teria que trabalhar para pagar as aulas particulares. Ela me arranjou um estágio durante o verão na Carioca Engenharia, empresa que era dirigida por Ricardo Backheuser e Carlinhos Gebara, na época recém-formados. Foi meu primeiro emprego.

O escritório da construtora ficava na rua Senador Dantas, no Centro. Eram duas salinhas. Fui escalado, entre outras coisas, para ficar de apontador no Cais do Porto, onde estavam fazendo um aterro. Meu trabalho era contar os caminhões e controlar quantos metros cúbicos de areia entravam ali diariamente. Não sou nada bom de aritmética, mas precisava mostrar serviço e passava o dia conferindo aquela terra.

Depois saía de carro com Ricardo e Carlinhos para acompanhar as obras que eles tocavam pelo subúrbio, verificar o calçamento das ruas, ainda de paralelepípedo. Lanchávamos naqueles botequins mais distantes, antes de voltar para casa. O maior luxo que a gente conseguia ter era o Bob's da Avenida Brasil – quando dava para comer lá era uma sorte. No final, consegui passar de ano e me formar no colégio. E descobri que gostava mais de trabalhar do que de estudar.

Melhor fazer Direito

Quando chegou a hora do vestibular, resolvi tentar o curso de Economia. Mas não passei, nem para a Nacional – atual UFRJ – nem para a PUC. Consegui vaga apenas para Contabilidade na Nacional, e na PUC para o curso de Direito. Não era minha opção inicial, mas foi o caminho que encontrei para seguir naquele momento.

Logo que entrei na faculdade, já comecei também a fazer um estágio no escritório de advocacia do meu pai, no centro da cidade. Trabalhava com ele e com o tio Luís, seu irmão gêmeo. Saía diariamente para ir ao fórum, onde acompanhava os processos da Casa São Luiz para a Velhice. Muita gente deixava seus bens de herança para a instituição, que possuía vários imóveis para administrar. Passei a cuidar de todas as ações que envolviam a Casa São Luiz, de cobrança ou de despejo, e seguia de vara em vara vendo como estava cada processo.

Só que eu não gostava daquele trabalho nem das aulas na universidade. E acho que uma das coisas mais importantes da vida é a pessoa descobrir o que gosta de fazer: quando a gente entra numa trilha errada, ou quando colocam a gente para fazer algo que não gosta, é mais difícil realizar uma coisa bem feita.

Acabei ficando três anos na PUC, frequentando pouquíssimas aulas, até largar os estudos. Antes disso já tinha pedido dispensa do estágio no escritório para buscar novos caminhos.

Turismo

O primeiro emprego que tive depois que saí do escritório de advocacia foi numa agência de turismo, a Lugitur. Entrei lá a convite de Fernando Hermanny, que tinha comprado essa agência e me convidou para trabalhar com ele. Trabalhei quase um ano com ele na Lugitur.

Depois fui convidado por outros dois amigos, Bento Figueira de Mello e Cristiano Kerti, para montar um negócio próprio. Isso foi no final de 1971. Eles tinham uma corretora e estavam investindo em um conglomerado para atuar também em outras áreas, então me chamaram para abrir com eles uma nova agência.

Assim surgiu a BCF Turismo do Brasil, minha primeira experiência como empresário, juntando as iniciais dos três sócios: Bento, Cristiano e Francisco. Era difícil imaginar que um cara que não falava nenhuma língua pudesse ter uma agência de turismo.

A verdade é que nunca deixei de reconhecer as minhas limitações, então tentava superá-las com seriedade e dedicação. Mergulhei naquele trabalho, administrando, vendendo passagens, atendendo os clientes. Consegui bons números para a agência. Como sou um cara muito organizado, acho que colaborei bastante para que a empresa tivesse bons resultados naqueles primeiros anos, e os negócios prosperaram.

Passei uns dois anos cuidando da agência, até que surgiu uma oportunidade de viajar para a Europa, com uma bolsa de estudos para fazer um curso de turismo na Espanha, no Instituto de Estudos Turísticos de Madri.

Viajei com o Carlos Borges, meu amigo da vizinhança, que conheci logo que fui morar no bairro da Gávea, aos 12 anos. Ele também estava começando a trabalhar no ramo do turismo, e alguns anos depois iria montar uma rede de empreendimentos imobiliários em Angra dos Reis de grande sucesso, incluindo o Hotel do Frade.

A sociedade na BCF durou até 1973. Quando voltei do curso na Europa, os negócios na agência já não caminhavam tão bem quanto antes, e resolvi vender minha parte.

Quase fazendeiro

Não tinha desistido da ideia de ser fazendeiro, e fui passar um tempo trabalhando com meus tios em Morro Agudo, no interior de São Paulo, entre Barretos e Ribeirão Preto, para ganhar experiência. A ideia era poder ajudar, aprender, mas principalmente tentar buscar um caminho em algo que eu gostava muito de fazer, com o sonho de poder um dia ter a minha própria fazenda.

Essa tentativa durou um ano, mas não cheguei a conseguir um emprego de verdade com os tios. Fiquei hospedado ali, trabalhando, disponível, porém como uma espécie de favor por ser da família. A terra era cara, os recursos escassos, e não tive muita oportunidade para progredir na vida de fazendeiro.

No mundo da moda

De volta ao Rio de Janeiro, montei um negócio com um casal de amigos argentinos, Manuel Lamarca e sua mulher Maria, uma modelo muito bonita. Eles costumavam passar o verão no Brasil e decidiram vir morar aqui, fugindo um pouco da situação política da Argentina.

Manuel era designer de roupas, um estilista muito conceituado em seu país, e resolvemos montar um negócio juntos. Minhas reservas já tinham se esgotado e precisei pegar um empréstimo bancário para entrar como sócio, com uma participação de 20% na empresa.

E mergulhei no mundo da moda. Enquanto Manuel cuidava da parte criativa, eu ajudava na parte administrativa e na comunicação. Alugamos uma casa de vila na rua Elvira Machado, em Botafogo, para montar o ateliê. Fizemos a reforma do local e compramos os tecidos para as primeiras coleções.

A essa altura, eu já tinha uma boa rede de relacionamentos, e fui ampliando as conexões dessa rede para organizar o negócio. Eu não sabia ainda, mas na verdade já estava começando a mexer com o que seria a principal vertente da minha vida profissional, buscando soluções na área de comunicação para a promoção dos eventos da grife.

O primeiro desfile foi no Golden Room, do Copacabana Palace. Luiz Eduardo Guinle, um dos sócios do Copa e um dos grandes amigos que fiz na vida, abriu as portas para o nosso projeto, que também ajudaria na divulgação do hotel. Contamos ainda com o apoio de um grupo de mulheres influentes, amigas de minha mãe, que costumavam se reunir na nossa casa, na Gávea, para realizar obra de caridade. Assim tivemos logo um público feminino grande, a convite de Maria José Magalhães Pinto, Maria do Carmo Borges e Regina Soares Brandão, todas elas bem relacionadas na sociedade carioca. Muitas das costureiras que contratamos também vinham dessa ação social, que produzia roupas para uma creche próxima.

As modelos eram lindas. Além de Maria Lamarca, contávamos com Monique Evans em início de carreira, Ana Luísa Sampaio, Gisela Padilha, Silvia Martins, Fernanda Bruni, Fátima Lins... Era um time de respeito.

O evento no Copacabana Palace foi um sucesso e teve uma cobertura jornalística de ponta. A soma dos ingredientes era irresistível: o lançamento da grife, o local nobre, o leque dos convidados, a qualidade dos produtos e a beleza das modelos – tudo isso tornava o desfile uma matéria quase obrigatória para os principais veículos do Rio. Organizei cada detalhe da divulgação, e o resultado foi espetacular.

A grife cresceu com força a partir daquele desfile inaugural. Fomos convidados para apresentar a coleção em Salvador, depois em Belo Horizonte. Vieram modelos da Argentina, vivíamos cercados daquelas mulheres belíssimas, e o negócio prosperou rapidamente.

Manuel desenhava as roupas, eu juntava as pessoas, produzia os eventos, buscava patrocinadores, cuidava da promoção e administrava a empresa. Começamos a trabalhar em março, e em junho já havia receita suficiente para quitar o empréstimo inicial. A partir daí, entramos no lucro. Essa fórmula funcionou muito bem, e seguimos juntos por três anos. Minha rede de relacionamentos ganhava a cada dia mais conexões importantes para impulsionar as atividades da empresa, e os resultados eram cada vez melhores. Com o sucesso da grife, já estávamos planejando abrir uma loja na zona sul, um *prêt-à-porter* que pudesse atender à crescente demanda pelos nossos produtos.

> Eu não sabia ainda, mas na verdade já estava começando a mexer com o que seria a principal vertente da minha vida profissional, buscando soluções na área de comunicação para a promoção dos eventos da grife do Manuel Lamarca.

Mas, quando o negócio parecia que estava pronto para decolar de vez, acabou dando errado. Com toda a exposição que tivemos, a grife começou a atrair o interesse de alguns empresários e investidores, que fizeram uma proposta ao Manuel para entrar na sociedade e ampliar o alcance da marca. Só que não era uma proposta vantajosa para o meu lado: como sócio minoritário, ficaria com um percentual bastante reduzido. Preferi então vender minha parte e sair de vez da empresa.

Recebi um lote de vestidos em pagamento pela minha cota, junto com uma pequena parcela em dinheiro, e saí vendendo as roupas até conseguir um novo emprego.

Investida no banco

Em janeiro de 1978, perto de completar 29 anos, estava novamente desempregado e sem rumo. Minha mãe resolveu ter uma conversa séria comigo e me fez prometer que voltaria a estudar até terminar a faculdade. Os padres da PUC tiveram que me aceitar de novo e fui matriculado no curso noturno, para poder trabalhar durante o dia.

Nessas idas e vindas entre as diferentes empreitadas, das agências de turismo à experiência com a moda, sempre pude me sustentar sozinho e pagar minhas próprias contas, felizmente. Mas continuava sendo visto como aquele cara fora do padrão, sem diploma universitário, sem uma carreira estável. À medida que o tempo passava, parecia cada vez mais difícil me posicionar no mercado de trabalho de modo a seguir um caminho mais convencional.

Além da volta aos estudos, minha mãe conseguiu para mim um emprego no Banco Nacional, a partir de um contato com Maria José Magalhães Pinto, que era uma de suas melhores amigas. Fui conversar com Marcos Magalhães Pinto e ele me encaminhou para a Nacional Turismo, uma subsidiária do banco.

Como em todas as outras vezes, abracei a oportunidade e mergulhei fundo no trabalho. Não consigo ficar parado, gosto de ter o que fazer e de tentar progredir sempre, então entrei naquela função com a mesma intensidade que dediquei a todos os outros negócios – mesmo que estivesse dando um passo atrás, passando de empresário a funcionário.

Já tinha desistido de novo da PUC, que não durou muito nessa segunda tentativa. Fui a uma única aula noturna e bastou. Fiquei sentado no fundo da sala, fui embora e encerrei de vez os estudos.

Por outro lado, me esforcei bastante para que as coisas dessem certo no novo emprego. O banco tinha mais de cem agências no Rio de Janeiro. Fui visitar cada uma delas, conversar com cada um dos gerentes, dentro das metas estabelecidas. Saía rodando todo dia num fusquinha: primeiro pela zona sul, centro, e depois pela Baixada Fluminense inteira, Queimados, Nova Iguaçu, até chegar aos lados de Coroa Grande e Angra dos Reis. Como em tudo que procurei fazer na vida, tentei entregar mais do que esperavam de mim.

Só que toda aquela entrega e energia, ao invés de me ajudar a crescer lá dentro, pareciam incomodar as pessoas. Sou um sujeito movido a resultado, mas naquela estrutura burocrática percebi logo que a eficiência não era reconhecida. Ao contrário. Eu trabalhava muito, ganhava pouco e ainda era boicotado por alguns colegas, que reclamavam que aquele serviço tinha que demorar três ou quatro anos e eu queria fazer tudo muito depressa. De alguma forma, eu estava produzindo para a empresa que tinha me contratado mais do que os outros achavam que eu deveria. Senti que seria difícil progredir naquele banco com essa perspectiva.

Um dia, quando estava voltando do escritório pelo Aterro, ali na altura do Morro da Viúva, no meu fusquinha marrom, vestindo um terno claro, num calor danado, em pleno verão, falei para mim mesmo: não volto nunca mais! Resolvi que nunca mais iria vestir um terno para ir trabalhar no centro da cidade. E nunca mais voltei.

Talvez essa tenha sido uma das decisões mais importantes da minha vida. Mas não foi fácil. Não tinha e nem teria diploma, estava novamente sem emprego e já havia passado dos 30 anos. O horizonte parecia nebuloso, e os caminhos profissionais estavam ficando cada dia mais estreitos.

O Frade

Fui procurar então o meu compadre Carlos Borges, que estava envolvido com a expansão do Hotel do Frade, em Angra. Contei das dificuldades no banco e perguntei se não teria um lugar para mim naquela empreitada. Felizmente ele topou me ajudar, e passei a trabalhar para a Etasa – Empreendimentos Turísticos Angra S.A., empresa fundada por Carlinhos Borges, pai do Carlos.

Eles já dirigiam outros hotéis naquela região: além do Frade, eram donos do Retiro e do Portogalo. Na época, com a construção da usina, vários engenheiros se mudaram para Angra, então havia uma oportunidade boa para esses empreendimentos imobiliários. Carlos estava querendo movimentar o Frade e me convidou para ajudá-lo a promover o hotel. Combinamos um salário modesto e uma comissão sobre os eventos que eu organizasse, bem como sobre a venda de terrenos.

Virei um produtor de eventos e um corretor de imóveis ao mesmo tempo. Para que a coisa toda pudesse dar certo, virei também uma espécie de assessor de comunicação, divulgando todas as informações possíveis relacionadas ao hotel. E me joguei naquilo com tudo e mais um pouco, como já estava acostumado a fazer.

De início, organizamos um torneio de gamão, jogo que estava muito em voga nas rodas cariocas. O evento contou com o apoio da revista Vogue, que era dirigida no Rio pelo José Hugo Celidônio. Esse primeiro torneio reuniu em Angra a fina flor da sociedade carioca e teve uma ótima repercussão na imprensa, repetindo o resultado daqueles desfiles da grife do Manuel Lamarca no Copacabana Palace. Sucesso total, o hotel ficou lotado.

A cada fim de semana eu começava a bolar uma coisa nova. Ao longo do ano seguinte, já estava mais fácil conseguir patrocinadores para os eventos, à medida que eles seguiam enchendo o hotel e dando o que falar.

Promovia campeonato de gamão, de bridge, de windsurfe, regatas de vela... Inventei tudo que podia. O Brasil tinha ganhado duas medalhas de ouro nas Olimpíadas de Moscou, em 1980, então o esporte estava em alta. Convidávamos os velejadores campeões, era uma festa. Cada torneio chamava um público importante para o hotel. E com bons patrocínios o resultado era bem melhor, sob todos os aspectos – não só pela qualidade dos serviços que podíamos oferecer com mais recursos, como também por conta do apelo de público e de mídia.

Para o meu lado os ventos sopravam cada vez mais favoráveis. O salário não tinha melhorado, mas as comissões ficavam mais expressivas a cada mês. O sucesso dos eventos trouxe a reboque um incremento nos negócios imobiliários e comecei a vender muitos terrenos e a melhorar um pouco de vida.

Vocação

Sempre gostei de bicho, de cavalo, de fazenda, mas não consegui me estabelecer trabalhando como fazendeiro. Também sempre gostei de gente, de fazer amigos, de encontrar as pessoas, de conversar.

Trabalhar no hotel era bem mais agradável do que no banco. Por mais complicado que fosse organizar os eventos para divulgar os empreendimentos, eu gostava bastante daquilo e conseguia bons resultados.

Reunia muita gente a cada novo evento e era sempre um programa agradável e divertido. Juntar gente, promover encontros, festas e boas conversas era algo que eu sabia fazer, só não sabia ainda como fazer disso uma profissão. Estava descobrindo um caminho e ao mesmo tempo buscando uma área de atuação pouco explorada.

Não é fácil encontrar uma vocação ou conseguir trabalhar naquilo que a gente gosta, mas todas essas experiências me ensinaram a buscar outros caminhos quando não conseguia bons resultados, ou quando tentei fazer o que esperavam de mim antes daquilo que mais gostava ou levava jeito. Aos poucos fui descobrindo que era bom mesmo na comunicação, em me relacionar com as pessoas, e me saía bem nos trabalhos que envolviam esse tipo de atividade.

> Virei um produtor de eventos e um corretor imobiliário ao mesmo tempo. Promovia campeonato de gamão, de bridge, de windsurfe, regatas de vela... Inventei tudo o que podia.

Com o sucesso da promoção de eventos nos hotéis, e com uma rede de relacionamentos cada vez maior e bem estabelecida, que vinha também de muitos encontros com empresários e jornalistas nos bares e boates que gostava de frequentar no Rio desde a época da juventude, resolvi abrir minha própria empresa para prestar esse serviço a um número maior de clientes. Foi assim que surgiu a Promoshow.

Com Olavo Monteiro de Carvalho, Luiz Eduardo Guinle, Julio Rego, Ricardo Amaral e Betsy Monteiro de Carvalho no coquetel de inauguração da Promoshow – que mais tarde mudaria de nome para FSB Comunicação. Copacabana Palace, 15 de fevereiro de 1982.

Entregar sempre mais para o cliente

Quando a gente presta um serviço, a coisa mais importante é deixar o cliente satisfeito. Assim ele vai voltar a nos contratar, vai nos indicar para outras pessoas, e o negócio pode crescer à medida que se constrói uma boa reputação pela qualidade do serviço. E, para se destacar num mundo cada vez mais competitivo, a melhor estratégia é ir ainda mais além: entregar para o cliente mais do que ele espera da gente.

Sempre reconheci a importância de atender bem os clientes, em cada atividade e cada emprego que tive. Sou obstinado em fazer as coisas bem feitas, e justamente por reconhecer as minhas dificuldades e ver os caminhos profissionais se estreitando com o tempo, sentia que a margem de erro para que os negócios não dessem certo estava diminuindo. Então me dedicava ao máximo para ir além das expectativas, e essa sempre foi a característica principal que estabeleci como meta da empresa e que considero uma das principais receitas para um negócio bem-sucedido.

Isso vale para todo tipo de negócio, em qualquer ramo de atividade. Vale tanto para o trabalhador autônomo como para o pequeno empreendedor, e do mesmo modo para os grandes empresários. É a receita mais simples que existe, e foi o que procurei seguir desde o primeiro dia da empresa.

Promoshow

Perto do final de 1981, o acordo que tinha com Carlinhos Borges foi renegociado e chegamos a um consenso: eu deixaria de ter participação nos negócios imobiliários da Etasa e continuaria trabalhando para o hotel apenas como promotor dos eventos. Seria um prestador de serviços terceirizado. Vislumbrei então a possibilidade de ampliar a minha área de atuação para novos clientes e resolvi que iria abrir uma empresa para seguir atendendo o Frade, mas agora de forma não exclusiva.

Procurei o meu amigo Luiz Eduardo Guinle e propus a ele realizar no Copacabana Palace o mesmo tipo de trabalho que vinha fazendo no Hotel do Frade. Luiz Eduardo costumava participar dos eventos em Angra, sabia que era tudo muito bem organizado e bem divulgado, com um bom retorno para a imagem do hotel, e afinal o Copacabana Palace era um dos principais símbolos do verdadeiro glamour da sociedade carioca.

Combinamos uma permuta: em troca dos meus serviços o hotel cederia um local onde eu pudesse estabelecer a sede da firma. O escritório foi então montado no anexo do Copa, no apartamento 151, no primeiro andar, de fundos, com uma janela que dava para a Avenida Nossa Senhora de Copacabana.

A Promoshow começou praticamente do zero. A essa altura da vida, todo o meu patrimônio se resumia a uma linha telefônica – que na época valia bastante –, um título do Jóquei Clube, que havia recebido de presente do meu pai logo que comecei a trabalhar, e um título de sócio do Flamengo. O título do Jóquei tinha um bom valor e o do Flamengo nem tanto, mas também foi útil: vendi os dois e arrecadei o suficiente para iniciar a empresa, investindo na marca e na estrutura inicial para começar a funcionar no escritório, onde instalei a linha telefônica, que era uma ferramenta essencial para o trabalho. Mais tarde, na primeira oportunidade, pude felizmente recomprar os títulos de sócio dos dois clubes, a começar pelo do Flamengo. Nunca esteve nos meus planos me desfazer deles, só vendi mesmo porque não havia alternativa. Ainda bem que o sacrifício valeu a pena, ajudando a estruturar o negócio.

Continuei seguindo a fórmula que vinha dando certo no Frade: organizava os eventos, procurava os patrocinadores, preparava uma boa divulgação e com isso chamava bastante gente para o hotel. Além dos torneios de gamão e de bridge, comecei a procurar também novas parcerias para explorar o setor de gastronomia no Copacabana Palace.

Um dos lugares da moda em São Paulo, na época, era a churrascaria Rodeio. Era muito badalada, fazia um sucesso enorme. Veio então a ideia de chamar a Rodeio para uma temporada no Copa. Fui conversar com José Hugo Celidônio, que topou participar e fez o convite ao *maître* Ramon para instalar uma filial da Rodeio durante quinze dias na pérgula. O resultado foi ótimo. A Rodeio trouxe um bom público e gerou uma boa divulgação tanto para o hotel quanto para a churrascaria, que ainda não era muito conhecida no Rio.

No ano seguinte segui a mesma receita com outro restaurante paulista que estava na moda, o Salad's. Convidei a Lúcia Barreto para montamos juntos uma estrutura na pérgula do Copa para servir comidas leves e saladas, atraindo bastante o interesse do público e da imprensa.

Cada evento dava um trabalho enorme, mas os bons resultados e a boa visibilidade na mídia que obtive com esses primeiros clientes – primeiro o Frade, depois o Copacabana Palace – ajudaram a consolidar para a empresa uma reputação de competência, eficiência e confiabilidade. Isso facilitava cada vez mais as negociações com os patrocinadores e a conquista de novos clientes, e logo também iria abrir as portas para novos projetos e parcerias.

Publicidade

A grande dificuldade de trabalhar como promotor de eventos é que ao final de cada um deles temos que começar tudo novamente do zero. Fazer um novo projeto, buscar novos patrocinadores... Não é fácil programar as receitas e equilibrar as contas, pois o retorno nem sempre é garantido, por mais empenho e investimento que tenhamos em cada projeto.

Tive algumas experiências que pareciam promissoras mas não deram certo. Um bom exemplo foi o projeto "Depois da Praia", uma ideia apresentada pela minha amiga Scarlett Moon: quatro semanas de shows de rock, reunindo uma série de atrações variadas para o público jovem. Fizemos uma proposta ao Ricardo Amaral, que também entrou no negócio abrindo as portas da Papagaio, sua famosa boate da Lagoa, para as apresentações dos artistas.

Batizamos o projeto de "Depois da Praia" por conta do horário: os shows aconteceriam de quarta a sábado começando sempre no final da tarde, para aproveitar o espaço ocioso antes da abertura da boate às 9h da noite. Nossa ideia era cobrar um ingresso barato e encher aquilo de gente. O elenco era de primeira linha, capitaneado por Lulu Santos, marido da Scarlett, e reunindo outros nomes conhecidos, como Marina Lima e Robertinho do Recife, além dos grupos Barão Vermelho, Herva Doce e Brilho da Cidade.

No final das contas, apesar de uma ótima divulgação nos jornais e nas rádios e de contar com patrocinadores como o jeans Inega e a rádio Cidade, o evento teve um público pequeno e a receita da bilheteria mal serviu para cobrir os investimentos.

Para uma empresa sem muito capital, bastava olhar em volta para ver que a produção de shows era uma atividade de altíssimo risco. E foi justamente um amigo meu com experiência nesse ramo, George Ellis, que me convidou para uma nova mudança de rumo.

Ele foi durante anos administrador da Miranda Estância, uma das mais importantes fazendas de Mato Grosso. Depois vendeu sua parte para embarcar em novos empreendimentos e se mudou para o Rio. Resolveu ser empresário de artistas e abriu uma agência junto com um sócio estrangeiro. Contrataram alguns nomes importantes no cenário nacional, como Erasmo Carlos e Ney Matogrosso, organizaram shows no estádio do Fluminense e logo investiram milhões para trazer o grupo Jackson 5 ao Brasil, com Michael Jackson ainda garoto.

> O negócio de promoção de eventos era muito trabalhoso e também incerto. Era preciso lançar uma nova ideia, organizar o projeto e a divulgação, buscar os patrocinadores, realizar o evento, e logo em seguida já começava tudo de novo do zero. Nunca dava para saber direito o que vinha pela frente.

Mas a coisa deu com os burros n'água. A turnê do grupo foi em 1974 e passou pelo Rio, São Paulo e outras capitais. Só que a excursão coincidiu com uma epidemia de meningite no país, e uma das recomendações dos médicos era para evitar grandes aglomerações. Com isso, os shows ficaram bastante esvaziados. O espetáculo em Brasília quase não aconteceu, porque uma das carretas com o equipamento quebrou na estrada. No final das contas, o George teve um prejuízo danado.

Algum tempo depois, ele abraçou a carreira de publicitário com outro sócio, Diler Trindade. A agência deles, Diler&Ellis, tinha vários clientes importantes, e foi nessa ocasião que os contratei para criar a marca da Promoshow.

Nos anos seguintes, enquanto minha empresa aos poucos ia crescendo e sendo mais reconhecida, George desfez a sociedade com Diler para abrir uma nova agência, que chamou de Ellis&Associados, e se instalou num prédio comercial recém-inaugurado em Ipanema. Ele veio me procurar com uma proposta para estabelecermos uma parceria: trabalharíamos juntos, somando nossas carteiras de clientes, a Promoshow teria uma participação de 30% na Ellis&Associados e vice-versa. Formalizamos então a sociedade entre as empresas, saí do escritório no Copacabana Palace e me mudei para a sede da agência, no quarto andar do edifício Ipanema 2000, na esquina da rua Visconde de Pirajá com a Aníbal de Mendonça.

O negócio de promoção de eventos era bastante arriscado. A publicidade era um negócio mais chique, as agências de propaganda eram muito respeitadas, e as campanhas eram vistas quase como um trabalho de criação artística. Nunca tinha trabalhado nesse ramo, mas a proposta do George me abriu uma boa oportunidade para entrar numa área que parecia mais promissora.

No final dos anos 70 e início dos 80, o rádio e a televisão tinham uma penetração fortíssima junto ao público, bem como os jornais e as revistas. As empresas que trabalhavam com a comunicação nesses veículos, produzindo e comercializando os anúncios, eram as agências de publicidade. Havia a MPM, a Salles, a DPZ, a Alcântara Machado e várias outras disputando aquele mercado. E a verdade é que, diante dessas gigantes, não sobrava muito espaço para as agências menores.

Aprendi na marra essa dura lição, ao longo de dois anos de intenso trabalho e poucos resultados. Não havia para onde crescer diante de um mercado já loteado pelas principais agências, e passamos esse período enfrentando muitas dificuldades.

Natal do shopping

No final do segundo ano da parceria com a agência, vimos que não haveria recursos nem para pagar o décimo terceiro salário dos funcionários. Tive então uma ideia meio ousada e saí em campo para tentar colocá-la em prática.

Perto da casa dos meus pais, havia sido inaugurado alguns anos antes o Shopping da Gávea, que era cliente da Ellis&Associados. Na verdade se tratava de uma grande galeria comercial de lojas independentes, e não exatamente de um shopping *center* como nos moldes atuais.

    Estávamos próximos do Natal, e bolei uma campanha com quatro anúncios de meia página para tentar veicular no Jornal do Brasil logo abaixo da coluna do Zózimo, que era uma das seções mais lidas do jornal. Seriam quatro inserções, uma a cada final de semana de dezembro. Ali em geral costumava ficar alguma matéria solta de cultura, em meio a propagandas menores, não era um espaço comercial dos mais explorados. Mas uma coisa é ter uma ideia, outra coisa bem diferente é executar, botar de pé aquela ideia.

    Primeiro consultei o próprio Zózimo, que concordou com a proposta e deu o aval para que eu pudesse negociar com o setor responsável pelos anúncios dentro do JB. Com essa parte equacionada, só faltava o principal: conseguir os anunciantes.

    Visitei todas as lojas do shopping pessoalmente, uma a uma. As mais diversas. De lojas de móveis a galerias de arte, passando por toda espécie de negócio que se possa imaginar. Saía com uma maletinha, ia pessoalmente a cada uma das lojas para solicitar uma reunião, depois voltava quando pudessem me atender.

Muitos gerentes relutavam no início, tive que conversar bastante, explicar a ideia e o potencial de crescimento das vendas que os anúncios poderiam trazer bem na época do Natal. Usei toda a minha capacidade de persuasão e convencimento e consegui vender a campanha para quase todas as lojas.

> Bolei uma campanha para o Shopping da Gávea com quatro anúncios de meia página para serem veiculados no JB, logo abaixo da coluna do Zózimo, nos fins de semana anteriores ao Natal. E fui de loja em loja tentando vender aquela ideia.

Sem muitos recursos para a arte final, fizemos um anúncio bem simples, alternando um tijolinho para cada estabelecimento, em negrito. Preparei os contratos, colhi todas as assinaturas nos termos de autorização, e ainda voltei depois a cada uma das lojas para receber o cheque do pagamento.

Aquela receita salvou o Natal dos funcionários da agência e me permitiu desfazer a parceria com o George sem deixar nenhuma dívida pendente. Foi o fim da minha experiência no glamouroso mundo da publicidade.

Um novo tipo de negócio

Quando desfizemos a parceria entre as empresas, no início de 1987, aluguei duas salas no mesmo prédio e desci para montar o novo escritório da Promoshow no terceiro andar do Ipanema 2000. E foi nesse momento que estabeleci de vez um novo modelo de negócios, que tinha inventado meio por acaso.

A verdade é que eu tinha passado aqueles últimos anos dedicando muito mais tempo à agência de publicidade do que à Promoshow. E era uma operação difícil, pois não havia um faturamento seguro. Dependíamos de uma receita variável, o que requer um certo capital de giro para manter o negócio funcionando. Essa área da propaganda exigia um investimento considerável em mão de obra e ainda tínhamos que comprar os espaços nos veículos, que também são caros, sem a garantia de pagamento dos clientes. Mesmo se algum cliente atrasasse o pagamento, era preciso honrar o compromisso que tínhamos assumido com o veículo. Sem um bom capital de giro, o risco de quebrar é grande. Vi de perto a possibilidade desse último cenário, e foi então que resolvi me desfazer da parceria.

Com essas dificuldades no mercado da publicidade, eu já vinha buscando soluções alternativas na área de comunicação para os clientes da agência.

Estava bastante acostumado – desde os tempos com o Lamarca, e depois no Hotel do Frade e no Copacabana Palace – a trabalhar forte na divulgação de eventos e a colher bons resultados sempre que conseguia gerar um conteúdo interessante para a área editorial do jornal. E aproveitei essa experiência para buscar um novo modelo de serviços que comecei a oferecer aos clientes.

Residencial com serviços

Um dos primeiros casos de sucesso foi com a construtora Gomes de Almeida Fernandes, que estava lançando um empreendimento imobiliário com um conceito novo para a época, o de apartamentos residenciais com serviços. No meio do caminho entre um imóvel tradicional e um flat ou apart-hotel, cada prédio oferecia aos moradores uma estrutura de lavanderia, telefonista, arrumadeira, cozinha, antena coletiva de TV, academia de ginástica etc.

A construtora era cliente da Ellis&Associados. Conversei com Cid Keller, diretor da Gomes de Almeida Fernandes na época, e propus buscar a publicação de uma matéria na imprensa sobre aquele tipo de produto. Achei que se tratava de um assunto interessante na área de comportamento, apresentando aos leitores uma nova proposta de moradia que representava uma mudança na forma de viver dentro das grandes cidades. Cid topou a ideia, e fui então tentar oferecer essa pauta na redação dos jornais. E saiu uma matéria, depois outra... E logo tinham vendido todos os apartamentos.

O resultado do meu trabalho superou todas as expectativas, só que não tínhamos combinado uma remuneração. Não compramos nenhum anúncio, e não havia uma tabela de preços como no caso de um espaço comercial. Eu sabia como cobrar pelos eventos que organizava, mas aquilo era uma novidade.

Uma coisa era evidente: tive a criatividade de produzir, a partir do conceito e do produto do cliente, um conteúdo de qualidade para ser publicado no jornal. As matérias geraram interesse no público e incrementaram a venda dos imóveis antes mesmo de sair o primeiro anúncio da campanha publicitária. E isso tinha que valer alguma coisa.

Propus então ao Cid fazermos uma experiência: a construtora me pagaria um valor fixo por mês, durante três meses, e eu seguiria fazendo esse trabalho de assessoria de comunicação, procurando divulgar ao máximo os produtos e a marca da empresa nos mais diversos veículos.

Assim foi criado o sistema do *fee* mensal, que se tornou uma referência para esse modelo de negócio no país.

Fee mensal: um novo modelo de remuneração para o negócio

Era um sistema diferente, uma alternativa à publicidade tradicional mas também complementar a ela, sem concorrer diretamente com as agências. Tanto é que a Gomes de Almeida Fernandes continuou como cliente da Ellis&Associados, que permaneceu encarregada dos anúncios da empresa, ao mesmo tempo que contratava os serviços de assessoria da Promoshow. Se a coisa funcionasse, renovaríamos o contrato por mais três meses, e assim por diante. Não deu outra: renovamos o acordo diversas vezes, e continuei trabalhando para a construtora durante vários anos.

A partir do momento que descobri o quanto esse trabalho tinha valor, e que podia cobrar um *fee* mensal das empresas pela prestação de serviços na área de comunicação, senti que aquele modelo de negócios tinha tudo para dar certo.

Passei então a adotar esse sistema de contratos temporários, partindo de uma ideia muito simples: se eu entregasse um trabalho bem feito, cujo resultado fosse além das expectativas de cada cliente – como tinha sido o caso na experiência com a construtora –, todos eles continuariam renovando seus contratos pelo máximo de tempo possível. Decidi que iria me dedicar ao máximo para cumprir a qualquer custo essa meta, que virou o lema da empresa: entregar ao cliente sempre mais do que ele espera da gente.

Os primeiros contratos tinham tempo indeterminado. No início as pessoas podiam desistir em 30 dias caso não apresentássemos bons resultados. Depois, quando o negócio começou a crescer, passou para 60 dias; e depois, quando a coisa ficou muito maior, passou para 90 dias – porque a essa altura, você monta uma equipe para aquele trabalho e é mais difícil desmobilizar.

Comecei a trabalhar que nem um cachorro doido: preparava os *releases* e saía de carro pela cidade visitando todas as redações. Não era fácil, precisava de muita conversa até que me recebessem e mais ainda para explicar aquela proposta de trabalho e eventualmente conseguir espaço para emplacar uma boa pauta com algum jornalista.

Quando desci do escritório da Ellis& Associados para as duas salinhas do andar de baixo, a Promoshow contava com meia dúzia de funcionários. A carteira de clientes foi crescendo aos poucos. Além da Gomes de Almeida Fernandes, no início representávamos a marca de vinhos Dom Eudes, a Elle et Lui – uma das maiores cadeias de lojas de roupas do Rio de Janeiro – e a academia Físico&Forma.

O caso do vinho Dom Eudes é um bom exemplo. Foi o primeiro cliente que envolvia não apenas a parte de divulgação e promoção, como também a de comunicação e vendas. O trabalho que fizemos para o lançamento da marca obteve um resultado bastante expressivo.

> A ideia era muito simples: prestando um serviço bem feito, com um resultado que fosse além das expectativas dos clientes, todos eles iriam querer renovar os seus contratos. Decidi então me dedicar ao máximo para cumprir essa meta, que virou o lema da empresa: entregar ao cliente sempre mais do que ele espera da gente.

Essa nova marca de vinhos tinha sido criada pelo Romualdo Pereira em sociedade com o meu amigo Dom Eudes de Orleans e Bragança, e a Promoshow foi contratada para uma prestação de serviços mais ampla, incluindo desde a assessoria de imprensa até a produção de eventos.

Na época eu ainda trabalhava praticamente sozinho e mergulhei com tudo nesse projeto. Havia poucos vinhos de boas marcas no mercado, as importações eram difíceis, e o surgimento de um vinho nacional de qualidade era uma boa notícia. E, portanto, uma boa pauta.

Fizemos uma grande festa de lançamento no Golden Room, do Copacabana Palace. Aproveitando também o gancho da família imperial, consegui ocupar todos os espaços possíveis na imprensa da época, inclusive a entrevista principal da revista Playboy.

O sucesso na divulgação da marca Dom Eudes depertou o interesse de outras empresas. Havia uma vinícula gaúcha chamada Provifin, ou Produtora de Vinhos Finos, que pertencia ao conde Frédéric Chandon em parceria com o grupo Monteiro Aranha e estava fabricando champanhes e espumantes para o mercado brasileiro. Depois de quase dois anos trabalhando para os vinhos Dom Eudes, fui procurado pelo meu amigo Carlos Laet, representante da Chandon no Brasil, que me fez uma proposta irrecusável para cuidar com exclusividade da promoção da marca francesa no país.

Nessa mesma época, pouco tempo depois de estabelecer a empresa no escritório do terceiro andar, surgiu também a oportunidade de trabalhar para o banco Chase Manhattan. Lywal Salles, que tinha sido um dos criadores da Revista Info, do Jornal do Brasil, ficou responsável pela área de marketing do Chase e veio me procurar para fazer a assessoria de imprensa. Marcamos então uma reunião com o Fernando Pinto de Moura e outros diretores do banco, para que eu apresentasse a eles um projeto de trabalho.

A Chandon foi uma das clientes mais importantes para consolidar o trabalho da FSB na área da comunicação empresarial.

Foi nesse momento que resolvi que estava na hora de trocar o nome da empresa. Já tinha percebido que não podia mais procurar os clientes usando a marca Promoshow: afinal não fazia mais eventos nem shows, e o foco principal do negócio agora era a assessoria de comunicação. Se estavam começando a surgir clientes de porte internacional, como a Chandon e o Chase Manhattan, era melhor adequar a marca e o material de apresentação da firma a essa nova situação.

FSB: desde as iniciais

A verdade é que a marca Promoshow tinha sido bem sacada e havia funcionado bem naqueles primeiros anos, mas o negócio de promoção de eventos era uma montanha-russa, cheia de incertezas pela frente. A experiência com a publicidade não durou muito, mas abriu caminho para um novo modelo de negócio que na verdade eu já vinha realizando há muito tempo, por se tratar de uma área estratégica para qualquer empreendimento bem feito: a comunicação.

Desde a sociedade com Manuel Lamarca e a parceria com Carlos Borges, descobri que tinha uma boa capacidade para identificar e executar projetos que despertavam o interesse do público e também da mídia.

Na época em que trabalhei para a Etasa, lembro-me de propor ao Carlos que poderíamos utilizar uma fração da verba de publicidade dos hotéis para conseguir um retorno três ou quatro vezes maior, investindo na realização de eventos que tivessem uma boa divulgação na imprensa. E foi exatamente o que aconteceu, do mesmo modo como a matéria sobre o lançamento da Gomes de Almeida Fernandes teria um impacto nítido na venda dos imóveis da construtora, alguns anos depois.

Depois de todo o investimento feito alguns anos antes na criação da Promoshow, achei que dessa vez seria melhor simplificar as coisas. A empresa já estava constituída, só faltava um nome mais neutro ou mais compatível com o novo modelo de negócio.

Já tinha feito uma pesquisa em busca de outra marca mas acabei achando melhor colocar meu próprio nome, assim com as iniciais, como era moda na época: FSB. Seria mais rápido e prático para registrar, e era neutro o suficiente para abranger uma variedade ampla de serviços.

Chamei o publicitário Armando Strozenberg, dono da agência Contemporânea, para me ajudar a preparar o material de apresentação antes da reunião marcada com a diretoria do Chase Manhat-tan. Resumi a história toda e expliquei a ele o sistema de trabalho que estava disposto a seguir. Ainda debatemos se usaríamos algo como "divulgação" junto ao nome, mas resolvi que o verdadeiro foco era a comunicação. E é exatamente isso que faço até hoje.

> Quando percebi que podia oferecer aos clientes uma alternativa mais barata e mais eficaz do que a publicidade tradicional, procurando soluções para o negócio deles através da mídia editorial, vi que tinha encontrado um novo rumo, com muito potencial de crescimento.

Preparei então junto com Armando uma pastinha com algumas páginas apresentando a empresa e no dia seguinte fui para a reunião no Chase com esse material. E consegui vender a ideia. Além de ganhar um cliente importante, que também seguiria conosco pelos próximos anos, o novo nome acabou emplacando em definitivo.

A Promoshow Promoções Ltda. virou simplesmente FSB Comunicações. No plural. Alguns anos mais tarde simplificamos para o singular, ao mesmo tempo que o leque de serviços aumentava.

Nas décadas seguintes, a FSB veio a crescer exponencialmente, como fruto de um trabalho incansável e de um empenho obstinado pela máxima qualidade nos seus serviços. Sempre partindo desse princípio básico: entregar para o cliente mais do que ele espera da gente.

O detalhe faz toda a diferença

A BUSCA PELA QUALIDADE em tudo que faço se tornou uma marca da empresa desde o início. Com entrega e dedicação total em cada projeto e cada serviço, o nível de cobrança sempre foi altíssimo para formar equipes qualificadas para todas as tarefas. Gosto das coisas bem feitas, de fazer o melhor que está ao nosso alcance, e persigo isso nos menores detalhes. O detalhe faz toda a diferença.

Um norte

A partir do momento em que encontrei uma atividade que eu não só gostava de fazer como tinha capacidade de realizar com bastante eficiência, e logo que pude definir os rumos do negócio de um modo bem organizado, percebi que tinha tudo para dar certo.

Afinal sempre tive talento para me comunicar bem com todo mundo, sabia identificar tendências e estava acostumado a buscar espaço na mídia editorial desde a época da realização de eventos. Quando começaram a aparecer os primeiros bons resultados, já na época de Angra com o Hotel do Frade, aquela insegurança que me acompanhou no início da carreira profissional, e que vinha desde os tempos da escola, deu lugar à certeza de que meu trabalho tinha valor. E senti que seria capaz de driblar as previsões negativas daquela palestra antiga dos tempos do Santo Inácio.

O escritório tinha duas salinhas e uns poucos funcionários. Eu trabalhava com uma atividade que era vista com ressalvas no meio jornalístico, tinha dificuldade para ser recebido nas redações, mas conseguia obter bons resultados para os clientes, oferecendo-lhes soluções a um custo-benefício atrativo.

Naquele momento não existia esse tipo de negócio no mercado, então praticamente não havia competição. Havia algumas pequenas agências de assessoria de imprensa no Rio e em São Paulo, mas nada muito bem estruturado ou posicionado. O que não faltava era espaço para crescer. Quando começaram a surgir concorrentes maiores, a FSB já estava bem organizada para oferecer um serviço de ótima qualidade para os clientes.

Acho que na vida é muito importante a gente descobrir o que gosta de fazer, qual a maior vocação, para poder aprimorar isso com a experiência. Se meu verdadeiro talento estava na área da comunicação, naquela altura já estava maduro para fazer as coisas acontecerem. Tinha descoberto um veio praticamente inexplorado do negócio, e isso deu um norte à minha vida profissional.

Foi quando botei na cabeça que iria fazer a melhor empresa de comunicação empresarial do país. Não precisava ser a maior, mas seria a melhor. E segui trabalhando com isso em vista, com a maior determinação.

Comunicação empresarial

Comunicação para mim é tudo. É saber dar o recado, fazer a informação chegar do lado de lá – da maneira mais simples, objetiva e eficiente possível. A essência do negócio era pensar a comunicação como uma ferramenta que pudesse ajudar de verdade o cliente na operação dele. Ajudá-lo a se conectar com seu público, e com isso gerar uma receita melhor. Ajudá-lo a alcançar seus objetivos num espaço menor de tempo.

Minha cabeça sempre foi voltada para o resultado. Se você faz o melhor, o sucesso vem a reboque, porque as pessoas vão procurar aquilo. Todo mundo quer o melhor: pode ser o melhor restaurante, o melhor hotel, o melhor serviço. Se a pessoa gosta do atendimento, ela volta.

Assessorias
Furacão carioca

A FSB, de Chico Brandão, põe um pé em São Paulo e promete sacudir o mercado

por Deborah Bresser

CHICO BRANDÃO
O vendedor de idéias

"O Rio precisava de um restaurante descontraído, de fácil acesso. Um restaurante com piscina ao lado e o mar em frente. Local ideal para se encontrar os homens de negócios, a nata da sociedade, artistas e os colunistas. O Rio tinha muito poucas opções interessantes neste aspecto. Então, o local perfeito para se implantar, Dessa necessidade nasceu o Pérgula, o restaurante que, brevíssimo tempo, irá funcionar no Copacabana Palace. "E o inédito é que será o único restaurante do Rio com patrocinador."

JORNAL DO BR

Um vinho com "pedigree"

Das adegas de um príncipe brasileiro para a Fauchon de Paris

Peter Mathoux

FSB Comunicações, elo entre Imprensa e setor empresarial

Rio cria eventos culturais e esportivos para atrair hóspedes

PROMOSHOW
UMA NOVA MANEIRA DE ANUNCIAR

DESDE o começo do ano, a Promoshow, localizada no anexo do Copacabana Palace, se encarrega de promover eventos dentro ou fora da cidade do Rio.
— O que fiz foi ocupar um espaço que a agência de propaganda não estava cobrindo. A promoção é um novo veículo de propaganda, um novo meio de comunicação com o consumidor, mas são poucos anunciantes ou agências de propaganda que conhecem sua força ou tiram partido de suas vantagens.

Gestos rápidos e vivos, Francisco Brandão tem certeza do sucesso de sua firma. Está sempre alerta para a novidade, procurando estar na frente, "sacando o que o pessoal tá querendo".

— Disso depende o tudo. A área de promoções é muito diferente da propaganda veiculada. Tem vida curta. Os eventos duram de um dia a um mês no máximo. Se deu certo, todos ficam sabendo. Se deu errado, a notícia veicula mais rapidamente ainda.

★★★
Chiquinho Brandão, se ficar no Rio, só vai curtir do carnaval o desfile das Escolas de Samba. Ele está em tempo de muito trabalho, lançando seu escritório de promoções. Aliás, na próxima segunda, Chico recebe amigos e clientes para um coquetel no Copa, comemorando o lançamento de sua firma.

Então quando vislumbrei esse negócio, lá atrás, vi que a primeira coisa era fazer o cliente gostar do serviço. Por isso botei na cabeça a ideia de entregar sempre mais do que estavam contratando: queria não só que o cliente gostasse, mas que ficasse dependente do serviço, no bom sentido. Se a gente oferece qualidade, objetividade, bons resultados e uma relação custo-benefício boa, o cliente reconhece isso. E quer continuar, porque sabe que ninguém vai entregar tanto para ele pelo mesmo custo ou conseguir dar o recado dele com a mesma eficiência.

> No início era uma luta para ser recebido nas redações, assim como era difícil contratar bons jornalistas para a empresa. O trabalho de assessoria de imprensa era muito pouco valorizado.

Como sou um cara obsessivo e gosto das coisas bem feitas, busquei sempre essa máxima qualidade em cada detalhe, dentro da empresa e na vida em geral. Baseado nesse princípio, também procurei me cercar de pessoas competentes para poder realizar o melhor serviço possível e entregar os melhores resultados.

A receita era simples, mas não bastava só a ideia: era preciso executá-la. E no início, como era um negócio novo, muita gente não o entendia direito. Era uma luta ser recebido nas redações, assim como era difícil contratar bons jornalistas para a empresa. O trabalho de assessoria de imprensa era pouco valorizado. Mas, ainda que não tivesse o mesmo glamour da publicidade, ou que fosse pouco reconhecido pela mídia, começou a ser reconhecido por quem mais importava: pelos clientes. Para eles, aquela comunicação alternativa, mais direta, voltada para a mídia editorial, era uma verdadeira injeção na veia.

Eu ainda estava praticamente sozinho nesse ramo, porque ninguém queria trabalhar com isso. Então visitei cada redação, fui procurando, fazendo novos contatos, perguntando como funcionava, explicando qual era a proposta de trabalho, tentando abrir os espaços.

O negócio ficava no meio do caminho entre o jornalismo e a publicidade. De um lado, eu conversava diretamente com os donos ou os principais diretores das empresas, para identificar as necessidades que eles tinham na área da comunicação e quais os melhores veículos para atingir o público-alvo de cada cliente. Essa abordagem, de início, já se distanciava do mecanismo tradicional da publicidade, que costuma ser tratado no âmbito das diretorias de marketing, e não pelos donos.

E, na outra ponta, eu tentava bolar as pautas mais adequadas, de acordo com os produtos, estratégias e iniciativas das empresas, que pudessem interessar aos veículos de comunicação. A matéria-prima do jornalismo é a notícia, e todo repórter precisa de boas fontes, seguras e confiáveis. E precisa de notícias, porque todo dia o jornal começa novamente do zero. Aos poucos, à medida que conseguia propor boas matérias, que fossem de interesse para os leitores, a empresa foi conquistando uma credibilidade e uma confiança cada vez maior dos jornalistas e dos veículos em relação à qualidade das informações que fornecia.

> "O Chico começou essa história com as relações que tinha, usou isso primeiro como promotor de eventos e, com muita perseverança, com muito afinco no dia a dia, a coisa foi tomando corpo. Ele arrumou um caminho que não existia, ninguém tinha ouvido falar nesse negócio de comunicação empresarial. Foi um aposta que ele fez, e de repente explodiu."
>
> HENRIQUE DE QUEIRÓS MATTOSO

Nesse negócio, a credibilidade é fundamental, na medida em que você se torna o avalista daquela informação. É preciso transparência, não dá pra vender mentira. Tem que vender verdade. Não dá para vender gato por lebre. É algo que a gente demora para construir, tem que ser sempre muito correto para conquistar uma boa reputação e estabelecer uma imagem de seriedade e confiança.

E a coisa só funciona se for boa para os dois lados, tanto para o cliente quanto para o veículo – e consequentemente para o público. Então eu ia lá, entendia o negócio do cliente e ficava quebrando a cabeça para extrair diferentes pautas e apresentar aos jornalistas. Fazia um trabalho de mineração: ficava garimpando, filtrando, para descobrir alguma coisa que pudesse gerar conteúdo de interesse para os veículos de comunicação.

Lembro-me de conversar com o Zózimo, que além de ser um jornalista influente era um bom amigo, muito engraçado e boêmio, que eu sempre encontrava na noite. Quando nos conhecemos, eu nem tinha começado a trabalhar nessa área. Quando a FSB começou a crescer, comentei com ele que precisava contratar bons jornalistas e citei alguns nomes. Ele achava que não havia a menor chance. Na época o pessoal de ponta nem cogitaria aceitar uma proposta de emprego numa assessoria de comunicação, e não passava pela cabeça dele a possibilidade de que um dia pudéssemos pagar um salário maior para algum jornalista mais importante.

Só que a lista de clientes seguia aumentando, o volume de trabalho ia crescendo e a empresa começava a ter um faturamento mensal significativo, juntando o *fee* mensal de cada um. Eu continuava correndo que nem um doido, me desdobrando para que renovassem sempre os contratos, oferecendo um serviço tão bem feito que a FSB passou vários anos sem perder nenhum cliente.

Os clientes reconheciam o trabalho, a empresa oferecia um retorno imbatível para o investimento deles, mas os jornalistas e as agências de publicidade, os profissionais da área, ainda achavam aquele negócio de assessoria de imprensa uma grande bobagem... E ainda bem, porque assim ninguém prestou atenção. Praticamente não havia concorrência, e com isso seguimos crescendo, pouco a pouco, cada vez mais.

A arte de fazer bem feito

Na primeira sala da FSB, quando viemos para o terceiro andar do Ipanema 2000, resolvi que valia a pena investir num bom quadro para colocar na parede. Se a ideia era montar uma empresa de qualidade e prestar o melhor serviço possível, já seria um bom começo poder receber os clientes no escritório com uma obra de arte à vista no lugar de uma parede vazia.

O primeiro quadro que comprei foi da Regina Clara Simões Lopes, uma pintora de quem eu gostava muito. A partir dali, em cada sala que a empresa abria colocávamos um quadro novo. Ao longo de todos esses anos, acabei montando aos poucos uma boa coleção particular de arte contemporânea, que tenho um grande prazer de ver exposta nas paredes dos escritórios da empresa.

Fiquei amigo de vários artistas plásticos da minha geração, como Angelo de Aquino, Ivald Granato e Rubens Gerchman, entre outros. No início, uma boa maneira de investir nessa ideia de botar arte no escritório foram as permutas: em troca dos serviços de assessoria de comunicação, os artistas pagavam com alguma obra.

Angelo de Aquino era casado com uma amiga minha, Verinha Bocayuva, e acabamos ficando bem próximos. Virou um daqueles amigos da vida toda. Eu já tinha encomendado três quadros dele para meu apartamento na Gávea, antes mesmo de começar com a FSB. Alguns anos depois troquei essas telas, que se chamavam "Manhã", "Tarde" e "Noite", por outras dele mesmo. Fizemos tantas permutas de trabalhos que hoje devo ser um dos principais colecionadores das obras do Angelo. Tenho mais de quarenta quadros dele, entre os que comprei e os que recebi em troca de serviços. Ele também era um grande boêmio e flamenguista doente, e a gente se falava praticamente toda semana para comentar os jogos.

Com o Gerchman foi a mesma coisa: comprei alguns quadros dele e outros foram permutados por trabalhos. Quando combinava uma permuta com os artistas, normalmente eu dizia mais ou menos o que gostaria, e eles produziam a obra sob encomenda.

Para a entrada do escritório de Ipanema, depois que ampliamos, encomendei um quadro do Gerchman, que disse: "*Vou fazer um tríptico*". Adorei a ideia e o resultado e acabei combinando o seguinte: "*Já que fez o tríptico para fora, vamos agora fazer uma coisa lá para dentro, para compor.*" É que a parede tinha uns azulejos transparentes e o tríptico estava fazendo uma sombra lá dentro, na sala de reuniões. Com o painel novo, ficou perfeito.

E assim foi acontecendo com diversos artistas. Hoje todos os escritórios da empresa têm obras de arte espalhadas pelas paredes, de vários nomes importantes da minha geração. Além do Angelo, do Granato e do Gerchman, temos trabalhos de Daniel Azulay, Luiz Áquila, Renato Meziat, Eduardo Sued, José Bechara e outros.

Do mesmo modo, passamos a reunir trabalhos de alguns fotógrafos para expor nas paredes dos escritórios, especialmente de paisagens do Rio de Janeiro, como as retratadas pelo Almir Reis e outros fotógrafos que também admiro.

Na época, praticamente ninguém expunha obras de arte no escritório. O único que conheci que tinha uma coleção bonita era o da Sul-América, no centro

Na sala de reuniões do escritório em Ipanema, com o painel de Rubens Gerchman ao fundo.

da cidade. Lembro que fiquei impressionado quando entrei lá pela primeira vez. Achei que um bom quadro na parede era um diferencial a mais para receber bem as pessoas.

A ideia era criar um ambiente o mais agradável possível, para que as pessoas tivessem prazer de estar ali, e a coleção foi crescendo junto com a empresa. Sempre fui um cara obstinado para tentar fazer o melhor possível ao meu alcance, em tudo, e os quadros se tornaram uma marca em todos os escritórios da empresa. Tenho certeza de que os clientes, os funcionários e todo o mundo que visita a FSB sabe apreciar e valorizar essa arte espalhada pelo ambiente do trabalho. É o tipo de detalhe que faz a diferença.

•

Cada detalhe é um ingrediente a mais na receita. Começa com um trabalho de qualidade; acrescenta gente boa para embarcar num projeto bem elaborado; mistura isso com um bom ambiente na empresa, com planejamento, foco, organização e metas bem estabelecidas; joga o tempero das obras de arte; mistura com a perspectiva de crescimento para quem trabalha ali, para as pessoas poderem prosperar junto com a empresa... E assim você cria uma receita de sucesso. O resultado é consequência de um trabalho bem feito.

Gente mais competente do que a gente

Ninguém constrói nada sozinho. É preciso se cercar de pessoas competentes, capazes e dedicadas, para conseguir bons resultados – no trabalho e na vida.

Consegui, felizmente, criar um negócio em que você mexe quase cem por cento com gente, criando e cultivando um ambiente produtivo, em equipe, buscando realizar um trabalho da maior qualidade possível. Quando você planta uma coisa boa, vai colher bons frutos. Desde o início, procurei contratar os melhores profissionais para trabalhar na empresa, seguindo o princípio que se tornou um dos lemas mais importantes na formação de uma equipe:

> Gente mais competente do que a gente para trabalhar com a gente e assim poder entregar para o cliente mais do que ele espera da gente.

Então a filosofia da FSB sempre foi a de contratar os melhores profissionais que estivessem ao nosso alcance. Imagino a empresa como uma espécie de guarda-chuva gigante, onde possamos ter, abrigados ali debaixo, os melhores profissionais trabalhando e sendo bem remunerados. Assim, vamos oferecer condições para que seja mais fácil para cada um deles resolver a sua vida profissional junto conosco do que se virar sozinho para construir um negócio diferente.

É uma receita simples e infalível. A empresa ganha ao investir na contratação de pessoas talentosas e qualificadas, o profissional ganha quando tem seu trabalho reconhecido e valorizado, e assim o cliente também ganha, pois tem várias cabeças boas trabalhando juntas para buscar as melhores soluções para ele.

Hoje a FSB tem mais de 800 colaboradores, e alguns deles viraram sócios pelo caminho. Sempre gostei da ideia de compartilhar os resultados, e nada melhor para um negócio prosperar do que fazer com que as pessoas que trabalham ali sintam que a empresa também é delas. Para isso é importante saber reconhecer o valor de cada um, estimulando a produtividade, abrindo caminho para que todos possam crescer juntos. Não tem invenção: quando você valoriza e dá perspectiva, e as pessoas veem seu trabalho reconhecido, dentro de um espírito colaborativo de equipe, elas vão produzir cada vez melhor, individualmente e em conjunto.

Toda essa engenharia foi acontecendo naturalmente, com bom senso, procurando criar dia após dia um ambiente de trabalho estimulante e produtivo. Lidar com gente é um aprendizado diário. Como sou obstinado na busca pela qualidade até nos mínimos detalhes, o nível de exigência na empresa é alto e o grau de cobrança é enorme. Estabelecer metas e saber cobrar resultados é fundamental para poder apresentar um serviço bem realizado.

Nunca abri mão desse perfeccionismo, atento até o último grau para encontrar as melhores soluções para os clientes. Se o detalhe faz a diferença, é importante que essa visão se estenda para toda a equipe, no empenho constante de fazer sempre o melhor que esteja ao nosso alcance.

A pessoa certa

Minha vida foi feita de muitos encontros inesperados. Não sei se existe um destino que é traçado, mas sei que sou aberto para que as coisas aconteçam. Nunca fui fechado a isso, ou não teria conhecido tanta gente – e cada nova relação abre novos caminhos.

No início dos anos 90, com a empresa crescendo, a demanda de trabalho para nosso contador foi aumentando até o ponto em que precisávamos de alguém em horário integral, que pudesse atender exclusivamente a FSB.

Tínhamos prestado uma assessoria a um *headhunter* chamado Luís Moura e combinamos uma permuta pelos serviços, assim como às vezes fazíamos com os amigos artistas. Ele indicou então alguns candidatos com o perfil adequado para nos ajudar nessa parte administrativa, e marquei logo as entrevistas.

Vieram os candidatos. Entrevistei o primeiro, era bom. O segundo também. Já estava achando que o escambo com o *headhunter* tinha valido a pena. Só faltava o terceiro candidato, que não chegava, e já eram quase 9h30 da noite.

Naquela época, toda a empresa ainda cabia em quatro salas e um dos banheiros tinha virado um almoxarifado, onde a gente guardava toda a papelada. Como eu costumava trabalhar até mais tarde, continuei esperando, até que escutei o barulho de alguém batendo na porta do almoxarifado. Ouvi uma voz lá fora e fui abrir a porta para a terceira e última entrevista. Foi assim que conheci Marcos Ferreira Trindade, e iniciamos uma parceria para a vida toda.

Com os sócios Marcos Trindade, Gabriela Wolthers e Flávio Castro na sala de reuniões da FSB no escritório de Ipanema.

Autoestrada

Contei para o Marcos toda a história desde a fundação, expliquei como estava estruturada a empresa, qual era o projeto, como tinha começado, como descobri o veio do negócio com o *fee* mensal dos clientes para os serviços de assessoria de comunicação, como saí da agência de publicidade e como transformei a Promoshow na FSB. Resumi o plano que tinha em vista, em todos os detalhes:

– Quero fazer a melhor empresa de comunicação deste país. Pode não ser a maior, mas vai ser a melhor. Porque sei como fazer isso. Os eventos que fiz sempre deram certo e tiveram boa divulgação. Sei que o cliente precisa de um serviço diferenciado e temos condições de entregar, e esse negócio a turma ainda não enxergou. Está todo o mundo indo para o lado de lá, então eu vou para cá. Vamos prestar o melhor serviço, com a melhor relação custo-benefício, cobrar um *fee* mensal e oferecer o melhor retorno para o investimento do cliente.

Eu disse que estava precisando de uma pessoa para me ajudar a tocar o negócio e queria encontrar alguém que acreditasse no projeto e quisesse participar de verdade. Se desse tempo para ajudar também na área de comunicação, melhor ainda, mas de início seria para organizar a parte administrativa.

O exemplo que usei para ilustrar a filosofia da empresa foi o da McLaren, escuderia que dominava a Fórmula 1 naquele tempo, vencedora de vários títulos mundiais com o Alain Prost e o Ayrton Senna. Tive a oportunidade de ir a alguns Grandes Prêmios e pude ver de perto os boxes das equipes, e o da McLaren era impecável, com o chão brilhando, nenhuma ferramenta fora do lugar. Dava para perceber que não era um time campeão à toa.

Depois da nossa conversa, Marcos comprou a ideia e topou a proposta da FSB. Acertamos no mesmo dia.

Estávamos em 1992. A empresa tinha em torno de 30 colaboradores quando ele entrou, mas já seguia uma trilha, um norte. A arquitetura estava feita. Faltava alguém que me ajudasse a construir a partir dali. E ele não só fez isso, como fez muito bem feito.

A picada no mato já tinha sido criada, mas ainda não passava de uma estradinha de terra batida. Marcos cresceu com a empresa, virou sócio, ajudou a asfaltar, fazer mão dupla, sinalizar, instalar a iluminação... Construímos uma verdadeira autoestrada, que ainda pode ir mais longe, abrir outras mãos, outras vias – não só para os sócios atuais, como também para todo o mundo que está trabalhando nela hoje.

Esse encontro foi um momento-chave para a FSB, e foi muito importante para ambos. Marcos Trindade ajudou a empresa a atingir os seus objetivos, a empresa pôde ajudá-lo a progredir na vida, e eu ganhei bem mais do que um ótimo parceiro: um Amigo com A maiúsculo!

Marcos teve o bom senso e a sensibilidade para aprender e para interpretar, principalmente no início, o que era o trabalho, e teve muita habilidade para me entender e aceitar o meu jeito, porque não sou uma pessoa fácil. Às vezes cobro demais, quero demais dos outros. Ele ainda teve velocidade para me acompanhar – o que também não é nada fácil, porque gosto de resolver as coisas muito rápido.

Marcos Trindade é o sócio mais antigo e meu sucessor no comando na FSB. Seu papel foi importantíssimo na construção da empresa, que cresceu muito graças à qualidade do trabalho dele. A gente sempre se entendeu por música, com um respeito grande um pelo outro. Foi a pessoa certa, que apareceu no momento certo na minha vida. Esse foi um encontro especial.

Isso só aconteceu porque sempre gostei de tentar ajudar os outros: se não tivesse ajudado o *headhunter* Luís Moura lá atrás, quando ele não tinha recursos para contratar uma assessoria de comunicação e topei fazer uma permuta de serviços, não teria recebido a indicação do Marcos para vir trabalhar comigo.

Marcos Trindade é o sócio mais antigo, atual CEO da empresa e o sucessor no comando da FSB, que ele também ajudou a construir.

Quando a gente faz o bem, normalmente colhe o bem. Quando a gente colabora com os outros e promove bons relacionamentos, surgem esses encontros que fazem a vida progredir na trilha certa.

As melhores ferramentas

Quando a empresa iniciou suas atividades, no começo dos anos 80, ainda era difícil conseguir linha para falar ao telefone no Rio de Janeiro. A Promoshow tinha uma linha própria, que o meu pai me deu de presente, e outra que era uma extensão do hotel onde ficava o escritório. A estrutura ainda era bem pequena, só tinha uma assistente e uma secretária, e com o resto eu me virava. Passava a maior parte do tempo na rua, encontrando gente e visitando pessoalmente as redações.

Na Ellis&Associados havia quatro linhas telefônicas, uma delas a minha, e um PABX. Depois que desfiz a sociedade com o George Ellis e a empresa desceu para o terceiro andar, compramos mais algumas linhas e ficamos com quatro números de telefone exclusivos para a empresa. Também investimos num telex – era o que havia de mais veloz na época para a transmissão de informações.

Em seguida apareceu o fax, que foi uma grande novidade. Nesse momento conseguimos ganhar uma conta que foi importantíssima para a FSB: a Xerox do Brasil. A marca praticamente tomou conta do mercado no Brasil e virou sinônimo de copiadora.

Logo que iniciamos o trabalho para a Xerox, passei a ter mais facilidade de conhecer em primeira mão os novos equipamentos que surgiam – não só as copiadoras, como também os aparelhos de fax. Lembro que eles lançaram um equipamento moderníssimo que podia enviar cerca de cinquenta faxes ao mesmo tempo. Era até desproporcional, ia além do que a FSB necessitava, mas instalamos o aparelho na empresa, e os clientes ficaram admirados de ver que tínhamos um equipamento tão moderno, de última geração. Ficamos com a conta da Xerox por muitos anos e continuamos nos atualizando em relação aos equipamentos.

Nesse meio tempo surgiu o computador. Até então todo nosso trabalho era feito nas máquinas de escrever – tínhamos as máquinas elétricas da IBM na época, era o que havia de melhor. Mas logo veio o computador, e senti que a gente precisava se atualizar.

Marcos tinha acabado de entrar na FSB e fomos juntos a uma feira de informática no Anhembi, em São Paulo, para ver de perto aquela novidade. Naquele momento decidimos fazer uma transformação no escritório para informatizar a empresa, trocando até o mobiliário. Com a ajuda de Maria Luiza Viegas, Marcos iniciou então esse processo de informatização na FSB, e rapidamente passamos da máquina de escrever para o computador.

Da mesma forma, um pouco antes da privatização da Telebras, tive o primeiro celular fixo dentro de carro, o que foi um ganho extraordinário de tempo e de produtividade. Até hoje, com os celulares, aproveito cada minuto enquanto estou em trânsito para acompanhar e adiantar os assuntos de trabalho.

Tudo evolui muito depressa, é a mesma coisa que mudar da carroça para o carro. O fax ficou obsoleto e a própria Xerox, que era uma empresa fortíssima, não conseguiu acompanhar a evolução dos tempos digitais. Foi uma mudança rápida. Um dos maiores desafios do mundo de hoje é se adaptar a essa velocidade cada vez maior.

Hoje, com a videoconferência, não é preciso mais pegar um avião para ter uma reunião presencial, todos os escritórios estão interligados. O *smartphone* é outra novidade extraordinária. Com a revolução que está acontecendo nesta era digital, houve uma transformação tão grande e tão veloz que a forma tradicional de comunicação com a massa, através dos jornais, do rádio e da TV, virou algo muito diverso.

> *"O Francisco tem essa veia empreendedora e essa visão de trazer sempre as melhores cabeças para dentro da empresa, de repartir para crescer, abrindo espaço para novos sócios. Ao mesmo tempo que a FSB sempre trabalhou para consolidar sua atuação dentro do modelo tradicional da comunicação empresarial, a empresa é muito focada em inovação. Um dos pilares de sucesso que o Francisco construiu foi essa capacidade de olhar para a frente e de enxergar longe, de melhorar a cada dia. Hoje temos um portfólio de serviços para atender os clientes nas mais diversas áreas, com o braço da FSB Futuro preparado para as novas tecnologias da nossa era digital."*
>
> MAGNO TRINDADE

Para o nosso negócio, o importante é informar. É transferir a informação com máxima eficiência para o público-alvo do cliente, com uma boa relação custo-benefício, utilizando os veículos existentes e disponíveis. Toda essa revolução nas comunicações serviu para ampliar os canais, as alternativas e as possibilidades para oferecer boas soluções aos clientes, o que impulsionou nosso crescimento.

A empresa nunca poupou investimentos em tecnologia, na medida do possível, mas sabendo que isso é apenas uma ferramenta. Nunca tive muita habilidade nessa área, meu negócio sempre foi resolver as coisas a partir da comunicação verbal, conversando com as pessoas.

Na minha cabeça, a tecnologia sempre foi um meio, nunca foi um fim. E o que a gente resolve, ou seja, as soluções que a gente encontra normalmente para os nossos clientes, a máquina não resolve. O que resolve de verdade são as ideias que passam pela cabeça das pessoas.

Hoje você tem robôs, programas de computador, pesquisa com a palavra-chave, mas o que mais importa ainda são as cabeças, é a qualificação, o lado humano por trás da coisa toda.

Na sede da FSB, com os sócios Marcos Trindade e Flávio Castro ao fundo.

Organização e disciplina

SEMPRE TIVE MUITA DIFICULDADE para escrever um texto. Um dia estava preparando uma notinha de três linhas para enviar para a coluna do Zózimo e vi aquelas palavras se embaralhando – achei que estava mesmo com um problema e resolvi procurar ajuda. Foi nessa ocasião, já adulto, que descobri que era disléxico.

Fiz um tratamento com uma fonoaudióloga, a Ana Pracownik, que me ajudou bastante. Os primeiros exercícios eram só com as vogais, depois com o abecedário. Com o tempo fui melhorando bastante. Até hoje isso está longe de ficar normal, mas só de reconhecer a dificuldade, de mudar o rumo, já deu uma segurança maior.

Acho que o efeito colateral positivo da dislexia foi essa mania de organização que sempre tive, que vem da necessidade mesmo: percebi logo que, se não tivesse as coisas muito bem organizadas, não conseguiria fazer nada direito. Fica bem mais fácil realizar qualquer tarefa com planejamento, organização e disciplina, e esta sem dúvida é uma parte bem importante da receita para um negócio bem-sucedido.

Desde que comecei a trabalhar, passei a anotar diariamente todos os encontros e reuniões numa agenda, coisa que faço até hoje. A agenda virou uma espécie de diário, onde tenho registrado, dia a dia, todos os acontecimentos da vida pessoal e profissional, além de cada uma das pessoas que encontrei ao longo de mais de 40 anos, com as impressões de cada momento.

Essas anotações me ajudaram a organizar as ideias, a programar melhor cada passo na empresa e na vida, a não esquecer ou deixar de lado qualquer projeto ou compromisso, e tudo isso acaba refletindo num trabalho mais produtivo. Com um negócio baseado numa teia cada vez maior de relacionamentos, esse tipo de registro acaba se tornando essencial. Só para ter uma ideia, recebi nos almoços e jantares em minha casa, em média, mais de mil pessoas por ano antes da pandemia, e tenho o registro de cada um desses encontros e até do cardápio servido.

Como gosto muito de gente e adoro receber os amigos, essa é uma atividade que me dá um grande prazer, ao mesmo tempo que traz bons resultados no trabalho. A construção de pontes, de relacionamentos, a arte de juntar e de aproximar pessoas, cada uma com experiências e talentos diferentes nas mais variadas áreas de atuação, é uma das coisas que sempre plantei e cultivei, desde antes da fundação da empresa, e foi algo que sempre me ajudou a encaminhar as melhores soluções para o atendimento dos clientes.

À medida que o negócio foi crescendo, ficou cada vez mais claro que não seria possível dar conta de conhecer e lidar com tanta gente, entre clientes, amigos, funcionários e colaboradores, e ainda abrir novas frentes de trabalho, sem muita organização, disciplina e planejamento.

Mesmo com todas as dificuldades que tive com a dislexia, ou até mesmo graças a elas, sempre fiz questão de deixar as coisas bem organizadas, e isso virou uma marca dentro da FSB. Nunca deixei de cobrar isso de toda a equipe, é mais um daqueles detalhes que fazem toda a diferença para um trabalho bem feito.

Lições do esporte

Uma das paixões que tenho na vida são os cavalos. Desde os tempos em que passava as férias na fazenda da família, em Poços de Caldas, sempre tive uma relação muito próxima com os animais. Como adorava andar a cavalo e frequentava desde criança a Sociedade Hípica Brasileira, que ficava em frente à casa onde eu morava, comecei a praticar o hipismo na adolescência e cheguei a participar de diversas competições nessa época, no final dos anos 60. Mas tive que parar com o esporte depois que meu cavalo, o Mug, teve um problema de tendão e ficou impossibilitado de saltar. Eu já estava dando os primeiros passos na busca de um rumo na vida profissional, e a vida seguiu outros caminhos.

Quase 20 anos depois, quando os negócios na empresa começavam a engrenar, resolvi retomar o hipismo, e foi uma das melhores decisões que tomei. Pude comprar um cavalo a prestação, o Orixá, passei a montar diariamente, voltei a treinar e a competir. Acordava às 6h da manhã e às 7h estava em cima do cavalo, saltando. Depois tomava banho lá no clube mesmo, às 8h partia para a FSB e às 8h30 já estava no escritório.

O esporte trouxe mais equilíbrio e disciplina para minha vida e me ajudou a direcionar o foco e a energia para conseguir melhores resultados no trabalho. Antes de voltar a montar, saía quase toda noite para algum programa, gostava de ir às festas e boates da moda, e o hipismo foi muito importante para construir uma rotina mais organizada e eficiente.

Pouco tempo depois conheci a Fernanda, e o que começou com um namoro virou casamento, e foi mais um divisor de águas na minha trajetória. Deixei de lado a boemia que frequentava desde a juventude e mergulhei de vez no trabalho, agora com a responsabilidade de cuidar da família. Estamos juntos até hoje, e também devo muito a ela, o grande amor da minha vida, por tudo que construímos.

Escalando o time

Meu ponto forte sempre foi me relacionar, conhecer as pessoas, fazer um trabalho de campo, atender diretamente os clientes. Nunca fui um cara culto ou com talento para a escrita, por exemplo. Continuava sempre com aquela meta de trazer gente boa para trabalhar na empresa, e àquela altura precisávamos de alguém mais especializado para escrever um artigo, um texto mais elaborado de opinião, mais intelectualizado. As funções do Marcos Trindade tinham rapidamente ultrapassado a parte administrativa e ele já ajudava bastante nos contatos e no atendimento, mas também não era um especialista nessa parte de texto.

A partir de um contato do Marcos, Ciléa Gropillo, gerente de comunicações da Shell, indicou o nome do Hélio Süssekind, que trabalhava no editorial do Jornal do Brasil. Hélio era um jornalista ainda jovem, e por isso ainda de um escalão menor, mas era bem preparado, culto, com formação em História, um

Com Marcos Trindade e Hélio Sussekind, os primeiros sócios da FSB.

cara talentoso e inteligente, e aceitou o convite para vir trabalhar conosco. Com o tempo ele foi tomando gosto pela coisa e se tornou uma pessoa importante para a FSB naquele momento. A equipe estava ficando cada vez mais estruturada.

Sempre acreditei em compartilhar resultados, em oferecer bônus e recompensar a produtividade dos funcionários. Procurei fazer isso desde o início, das mais variadas formas. Com mais de dez anos desde a fundação, vi que não teria sucesso de verdade, que não teria capacidade para tocar a empresa muito mais para a frente, se não tivesse sócios para ajudarem a alavancar o negócio. Tomei então a iniciativa de convidar Marcos Trindade e Hélio Süssekind para virarem sócios. Foram os primeiros sócios que tive na FSB, e essa foi uma decisão acertada.

Em meados dos anos 90, estávamos montando nosso primeiro escritório em São Paulo. Tratava-se de um movimento decisivo para o crescimento da empresa, uma vez que a cidade concentrava alguns dos clientes mais importante do país e se tornava uma porta de entrada quase obrigatória para quem pretendia atingir de fato uma dimensão nacional.

Foi um período de trabalho muito intenso. Pegávamos o primeiro voo da ponte aérea, que saía por volta das 6h da manhã, e chegávamos ao escritório em São Paulo antes dos paulistas aparecerem para trabalhar. Os caras nem entendiam...

Eu trabalhava o dia todo, de noite ia comer num restaurante japonês que tinha do lado do escritório e dormia num hotelzinho simples ali perto. No dia seguinte acordava cedo e já estava de novo no escritório às 7h da manhã, trabalhava até às 7h da noite e pegava um voo de volta para o Rio. Chegava exausto e no outro dia estava de volta à rotina carioca, logo de manhã bem cedo.

Foram anos nesse esquema, construindo cada degrauzinho do braço paulista da empresa via ponte aérea, conquistando nosso espaço num setor que começava a ficar cada vez mais competitivo. Na maioria das vezes Marcos ia comigo, às vezes também o Hélio.

A operação da FSB em São Paulo, no início, foi viabilizada principalmente por dois clientes: a Microlite, do Eduardo Barreto, uma empresa fabricante de pilhas e baterias, e a Top Fruit, uma produtora de sucos de frutas do Roberto Rezende Barbosa, irmão do Renato Eugênio e filho do Renato, que tanto me influenciou como empreendedor desde garoto.

Eu sabia da importância daquele mercado e conhecia o potencial dos negócios desde os tempos da Chandon, mas também tinha ideia da dificuldade de implementar uma operação ali sem que nenhum dos sócios morasse na cidade. Até então, meu escritório ali era minha maleta, que levava comigo nas viagens.

Estabelecer o escritório em São Paulo exigiu um esforço tremendo, que felizmente foi recompensado ao longo dos anos seguintes. Não foi nada fácil conquistar os primeiros clientes. A cultura paulista é um pouco diferente da carioca e o mercado, apesar de ser bem maior, é muito mais competitivo.

Logo que foi possível, contratamos um jornalista experiente para tocar a equipe em São Paulo, Tom Camargo, que tinha sido correspondente da Gazeta Mercantil em Londres durante muito tempo. Foi uma indicação de Celso Pinto, um dos editores da Gazeta. Mais adiante, convidamos Tom para virar sócio, ficando responsável pelo escritório paulista.

No começo, em 1995, era uma salinha na Alameda Lorena, depois viraram duas salas, depois três. Alguns anos depois mudamos para a Rua Pedroso Alvarenga 900, onde começamos com um andar de 200m^2 e ampliamos até chegar a quatro andares. Hoje a sede paulista da FSB está instalada num prédio comercial na Av. Presidente Juscelino Kubitschek, no Itaim Bibi.

Foi um esforço enorme para construir tudo isso, e que começou lá atrás, com a Chandon e a Provifin, ainda nos anos 80. Se aquela primeira parte não tivesse sido bem feita, teria sido muito

Magno Trindade, Chiquinho Brandão, Marcos Trindade e Tom Camargo no evento anual da FSB no Country Club do Rio de Janeiro, em 2014.

mais difícil para a empresa se estabelecer depois na cidade. E essa foi uma conquista importantíssima. Nossa estradinha estava ficando a cada dia mais bem pavimentada.

História viva da imprensa

Não é fácil acompanhar as transformações que vêm acontecendo no mundo neste novo século. Muitas empresas fortes fecharam as portas ou tiveram que se adaptar a uma nova realidade. Quem poderia imaginar, quando eu estava visitando as redações dos principais jornais cariocas para tentar emplacar uma matéria, lá nos anos 80, que o Jornal do Brasil iria parar de circular dali a 20 anos?

Nessa ocasião, vários jornalistas que tinham anos de casa se viram em dificuldades. Àquela altura, no início dos anos 2000, ao contrário do que Zózimo tinha previsto, as agências de comunicação haviam se tornado uma das melhores opções para os profissionais do mercado.

Sempre tive muita admiração pelo trabalho de Wilson Figueiredo, um verdadeiro ícone do jornalismo brasileiro, e surgiu então a oportunidade de conhecê-lo pessoalmente e convidá-lo para trabalhar na FSB.

Ele já estava com mais 80 anos, mas aceitou o convite e foi muito bem acolhido na empresa.

Alguns anos depois, por sugestão de Ancelmo Góis, colunista de O Globo, e com a ajuda de minha prima editora Ana Luísa Escorel e de Lourdes Figueiredo, esposa do Wilson, que abriu o baú das fotos e arquivos que ele guardava, fizemos um livro em sua homenagem. A obra ganhou o título de *"E a vida continua"*.

Contar a trajetória do jornalista Wilson Figueiredo era uma maneira de contar também boa parte da história da imprensa brasileira no século XX. A contratação dele não deixou de ser simbólica: aquela dificuldade do início para trazer os melhores profissionais para a empresa tinha acabado, e a equipe de jornalistas da FSB foi se tornando a cada dia uma das mais qualificadas do país.

Novo século

Depois da expansão para São Paulo, e com o crescimento constante de nossa carteira de clientes, a FSB abriu novos escritórios também em Brasília, Belo Horizonte e Campinas. A operação de Brasília, que iniciamos em 2000, teve uma importância fundamental para a empresa.

Com Marcos Trindade e Wilson Figueiredo no lançamento do livro *E a vida continua*, na livraria Argumento, no Rio de Janeiro, em 2011.

O início também foi bastante difícil. Lembro de viajar com Marcos para uma reunião com um dos primeiros clientes, a Codevasf, empresa responsável pela transposição do Rio São Francisco. Mais uma vez, como um carioca que gosta de ir para o trabalho de bermuda, senti o choque cultural que seria estabelecer a FSB naquela cidade.

Nessa altura, e já com a experiência adquirida na montagem do escritório de São Paulo, quem realmente botou o negócio para funcionar em Brasília foi Marcos Trindade. O escritório foi estruturado para atender melhor o setor público, e Marcos tomou para si essa responsabilidade dentro da empresa, com extrema competência.

> A FSB já era uma empresa grande, bem estruturada, e se preparou para atender à área pública com muita eficiência, com os mesmos cuidados e o mesmo padrão de qualidade com que atendíamos à área privada.

Durante muito tempo, nossa área de comunicação estava acoplada às verbas destinadas às agências de publicidade nesse setor público, e só podíamos trabalhar mediante uma subcontratação realizada por essas agências. Ao longo da década de 2000, essas verbas foram separadas, e a nova legislação permitiu que participássemos das licitações para prestar serviços diretamente. Hoje em dia esse é um braço importantíssimo do nosso negócio.

Tudo isso foi reflexo do profissionalismo implementado em nosso setor, que vinha crescendo ano após ano e já concorria com as agências de publicidade oferecendo melhores soluções em termos de custo-benefício e de credibilidade para as empresas. Com essa profissionalização e esse crescimento, já não havia aquela dificuldade do início para contratar os melhores jornalistas. A equipe ia ficando a cada dia mais qualificada e cada novo cliente ampliava a necessidade de novas contratações, então já competíamos também com as redações dos principais veículos da mídia por essa mão de obra especializada. A entrada na área pública potencializou esse crescimento ainda mais. Começamos atendendo um ministério, de lá para cá já atendemos diversos outros, além de alguns governos e prefeituras ao longo dos anos, dos mais variados partidos.

A mesma trilha de organização e disciplina que levou ao crescimento da FSB no setor corporativo foi uma das principais receitas para poder fazer um bom trabalho na área pública. É essencial ter uma empresa bem estruturada, com todas as documentações em dia para participar das licitações, e pudemos trazer toda a experiência de anos de atendimento na área privada para alavancar os projetos de comunicação também neste setor.

Na época em que iniciamos o atendimento à área pública, a empresa passou por algumas reestruturações. Hélio Süssekind saiu da sociedade, a participação do Marcos cresceu e convidamos Moisés Gomes para cuidar da parte administrativa. Ele foi importante na construção da operação de Brasília e chegou a se tornar sócio da FSB, onde ficou até 2012. Algum tempo depois convidei dois novos diretores para se tornarem sócios: Flávio Castro e Magno Trindade.

Flávio era um desses jornalistas tarimbados, com anos de experiência em redação, que tinha vindo trabalhar conosco em 2001. Ele começou na Gazeta Mercantil, trabalhou no Estado de S. Paulo, depois foi correspondente do jornal O Globo em Buenos Aires, e em algumas ocasiões já tínhamos tentado contratá-lo. Depois que ele voltou da Argentina ainda foi trabalhar com alguns projetos de internet em São Paulo, até que aceitou nossa proposta para entrar na empresa e não saiu mais. Tem um texto impecável, mexe com o conteúdo, fala diversas línguas e virou nosso "ministro de relações exteriores". Fizemos diversas viagens de negócios juntos, para a Argentina, Chile, México e Estados Unidos. Tornou-se um homem de confiança na empresa e virou sócio depois da saída do Hélio.

Magno entrou na sociedade na mesma época, para tomar conta da parte administrativa e financeira. É uma pessoa corretíssima e muito eficiente, que também veio agregar valor para a equipe, e apesar de alguma resistência inicial do Marcos, que é irmão dele – e tinha receio de misturar os assuntos de empresa e de família –, convidei-o para ser sócio junto com Flávio. Minha ideia sempre foi a de poder compartilhar os resultados, e nada pode ser mais estimulante para a realização de um bom trabalho do que você ser também dono do negócio. Acabou dando certo.

Olhar para o futuro

Com a velocidade das transformações na área da comunicação, o crescimento da empresa se deu de forma exponencial ao longo dos últimos anos. O leque de serviços oferecidos aos clientes foi se ampliando e se diversificando cada vez mais, e sempre investimos no que existe de melhor não só em termos de gente mas também de tecnologia, ferramentas e estrutura para um trabalho de qualidade. Em 2007 foi criada a FSB Digital, em 2009 abrimos o Instituto FSB Pesquisa, dirigido com muita competência por Marcelo Tokarski, em 2010 iniciamos o núcleo Imagem & Mídia e em

2015 foi criada a FSB Consumo, em parceria com Luiz Carlos Dutra, um dos profissionais mais experientes do mercado na área de marketing, que trabalhou conosco até 2017. Aos poucos formamos uma *holding* reunindo diversas empresas especializadas sob a marca principal da FSB Comunicação.

Em maio de 2011, fui obrigado a me distanciar do dia a dia do escritório por conta de um grave acidente que tive no meu sítio em Petrópolis, quando estraçalhei o joelho e passei um longo tempo sem poder andar. Passei a me dedicar mais à área de relacionamento, recebendo os clientes em casa, e o setor administrativo ficou a cargo dos sócios e diretores, especialmente Marcos Trindade, que passou a tomar a frente dos negócios no dia a dia.

Com o tempo pude recobrar boa parte do movimento na perna, mas mantive essa rotina de promover os encontros em casa e de passar o máximo de tempo no sítio. Saí do lado operacional para assumir o estratégico, que sempre foi o meu forte, e a empresa não deixou de crescer com esse arranjo.

Essa nova trajetória da FSB começou a se consolidar de vez em 2019, com um processo de reestruturação profunda, a entrada de novos sócios e a incorporação de uma nova agência em São Paulo. Com isso ficou preparado o terreno para a "passagem de bastão"

Marcelo Diego, Alexandre Loures e Diego Ruiz, sócios responsáveis pelo atendimento ao setor privado e pela incorporação de novas marcas e novas tecnologias, no escritório da FSB em São Paulo.

definitiva para Marcos Trindade, que já havia se tornado oficialmente o CEO da empresa em 2018.

Sempre tive a preocupação de deixar as coisas bem organizadas, e como sócio majoritário, já me aproximando dos 70 anos de idade, passei a planejar cuidadosamente o processo de sucessão de um modo que a FSB pudesse continuar crescendo e estimulando os profissionais que ajudaram a construí-la – e também aqueles que ainda viessem a trabalhar nela – com oportunidades justas de crescerem junto com a empresa.

Essa mudança começou a se configurar em 2015, quando Tom Camargo deixou o comando do escritório em São Paulo. Tom é um jornalista competente e fez um bom trabalho conosco ao longo desses anos até sair da sociedade. Sempre considerei fundamental para a empresa contar com um sócio presente nessa operação na maior cidade do Brasil. Com a saída do Tom, iniciamos um processo importante de reformulação dos negócios em São Paulo. O jornalista Melchiades Filho passou a ser o responsável pelo atendimento ao setor privado na capital paulista e teve um papel relevante na empresa no período em que esteve conosco como diretor. Foi por indicação de Melchiades que vim a conhecer Alexandre Loures, jornalista experiente na área de comunicação corporativa, que trabalhou na Ambev por vários anos e saiu para abrir sua própria agência em 2017, a Loures Consultoria.

Senti uma afinidade muito grande com o Alexandre. Desde o primeiro encontro, parecia que já nos conhecíamos há muito tempo. Foi uma empatia imediata. É raro encontrar um bom jornalista que ao mesmo tempo tenha uma visão mais ampla de negócios, de gestão, e fizemos então um movimento de aproximação. Dentro da filosofia da FSB de buscar sempre os melhores profissionais para trabalharem conosco, fiz uma oferta para unirmos forças.

> Uma das receitas mais importantes que aprendi como empresário foi a de escalar sempre o melhor time possível, trazendo para o nosso lado os melhores profissionais disponíveis no mercado.

Em pouco tempo formalizamos a sociedade, e no início de 2019 a Loures passou a fazer parte do grupo FSB. Essa fusão impulsionou bastante a empresa, que ganhou assim um braço fortíssimo em São Paulo. A entrada da Loures trouxe um time de profissionais extremamente qualificados, que vieram somar à nossa equipe, e incorporou uma carteira de clientes importantes que complementava bem a nossa.

Foi uma daquelas situações em que todo o mundo sai ganhando: a Loures ganhou musculatura de forma rápida, aproveitando a estrutura e a marca já consolidada da FSB, e nós ganhamos muito mais do que novos clientes: trouxemos novas cabeças e novas ideias para aprimorar o negócio.

Para completar esse movimento, convidamos mais dois diretores para ingressarem na sociedade: Renato Salles e Diego Ruiz. Renato é um gestor de extrema competência e confiança, e já vinha tomando conta do escritório de Brasília desde 2011. Desde sua entrada no comando da operação de Brasília, o atendimento ao setor público tem funcionado cada vez melhor, contando também com o experiente jornalista Alon Feuerwerker, nosso diretor e analista na área política. A entrada dessa equipe em Brasília aliviou muito o trabalho do Marcos, reduzindo a necessidade de que ele viajasse toda semana para as reuniões.

Renato Salles, diretor responsável pelo setor das contas públicas em Brasília, se tornou sócio da FSB em 2018.

> *"O Chico é essa figura central, icônica, do mercado de relações públicas do Brasil. Tem muitas práticas do setor pelas quais o Chico foi o responsável. Por exemplo: o nosso modelo de cobrança, que é o fee mensal, foi o Chico que introduziu no mercado. Isso mostra o pioneirismo dele. Ele também é uma dessas raras pessoas capazes de pensar grande e ao mesmo tempo ser atento aos detalhes. E sabe traduzir ideias complexas de uma maneira simples, engajando rapidamente a equipe. É também um cara que transborda generosidade, tem coração mole. Quando estabelece um relacionamento, é legítimo, porque ele gosta de falar com pessoas, de se relacionar. Gosta de dar mais do que de receber."*
>
> ALEXANDRE LOURES

Diego Ruiz é outro profissional muito qualificado, com anos de experiência na área de finanças internacionais, fusões e aquisições, e vem desenvolvendo um trabalho importantíssimo na incorporação de novas empresas e na reestruturação do atendimento à área privada na FSB. Quando o conheci, apresentado pelo Marcos, ele estava voltando ao Brasil depois de um longo período no exterior. Tinha morado na Europa, na África e no Oriente Médio, foi diretor financeiro de uma grande empresa, e Marcos pensou em indicá-lo para um de nossos clientes. Gostei tanto do Diego que no mesmo dia falei para o Marcos: "vamos trazer esse cara para a gente e vamos pensar grande". Foi a partir da entrada do Diego que começamos a articular esse processo de buscar parceiros já estabelecidos no mercado para acelerar o ritmo de crescimento dos negócios, e ele teve uma participação fundamental na fusão com a Loures.

Nesse processo de reformulação, também contratamos Marcelo Diego, que era CEO da Máquina de Notícias, uma das principais agências de comunicação do país, e veio fortalecer ainda mais o time. A Máquina estava em processo de fusão com um grupo internacional e tivemos uma ótima oportunidade para trazer um dos profissionais mais experientes do setor para a FSB, fortalecendo ainda mais um time que já era campeão.

Em 2020, Marcelo também entrou de vez para a sociedade. Hoje nossa operação em São Paulo conta com três sócios para o atendimento do setor privado: Alexandre Loures, Diego Ruiz e Marcelo Diego. Eles apresentaram um plano de negócios arrojado no início de 2019, com metas bem definidas que estão sendo atingidas e até mesmo ultrapassadas.

Essas decisões estratégicas foram importantíssimas e trouxeram resultados muito significativos nesses últimos anos. A participação da FSB na área privada teve um crescimento expressivo desde a entrada da Loures, apontando que estávamos no caminho certo ao abrir o grupo para a incorporação de novas empresas e para a ampliação do leque de serviços que podemos oferecer aos clientes.

Completando o quadro de sócios, já dentro da organização do processo de sucessão dentro da empresa, também em 2020 efetivamos a participação de Gabriela Wolthers, encarregada das contas do setor público no Rio e em São Paulo. Gabriela é uma jornalista experiente e muito qualificada, que trabalhou vários anos na redação da Folha de S.Paulo antes de vir para a FSB em 2007. É uma pessoa de quem gosto muitíssimo, que logo se tornou diretora e faz um trabalho excelente, que vem ajudando no crescimento da empresa numa área importante ao longo desses anos.

Continuamos investindo na contratação de gente nova, de boas cabeças que possam reforçar cada vez mais a equipe. Uma das receitas mais importantes que aprendi como empresário foi a de escalar sempre o melhor time possível, trazendo para o nosso lado os melhores profissionais disponíveis no mercado. Contar com gente boa faz toda a diferença.

Nada disso teria sido possível sem muita organização e disciplina, um bom planejamento e principalmente bastante trabalho, tanto para montar as equipes como para estruturar os negócios da forma correta, sempre buscando atender a todos da melhor maneira, procurando oferecer aos clientes mais do que esperam da gente. Felizmente essa receita, que não canso de repetir, tem sido muito bem-sucedida e acredito que já está enraizada na cultura da empresa.

Hoje, com esse time de sócios e diretores em atividade no comando e mais uma grande equipe repleta de talentos, com centenas de profissionais gabaritados nas mais diversas áreas, tenho certeza de que a FSB está não apenas consolidada como a maior agência de comunicação do Brasil e da América Latina, como principalmente muito bem organizada para continuar crescendo nos próximos anos.

Nunca me preocupei que fosse necessariamente a maior, mas a melhor. Foi para isso que trabalhei sempre. Não por querer ser melhor do que os outros, mas sim para oferecer sempre o melhor serviço aos clientes. O resto é consequência.

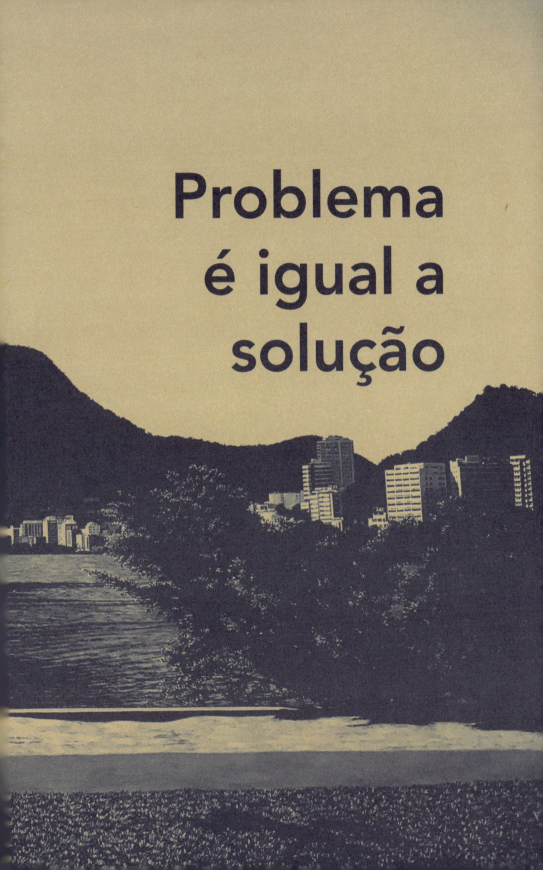

Quem sabe faz a hora,
não espera acontecer.

GERALDO VANDRÉ

Gosto de cumprir e de ver cumpridas todas as tarefas no menor tempo possível, com total clareza e objetividade. Não tenho a menor paciência para quem gosta de botar a culpa nos outros, no governo ou no que seja, em vez de realizar com presteza o serviço que lhe cabe. Para mim, problema é igual a solução. Quanto mais simples e rápida, melhor.

Costumo distribuir entre os funcionários e colaboradores um livrinho que me foi apresentado há muitos anos pelo meu amigo Cid Keller e que resume bem essa filosofia: *Mensagem a Garcia*. Por trás da história de um homem que atravessa sozinho um país para entregar uma mensagem importante, capaz de mudar o rumo de uma guerra, o livro trata da importância de cumprir bem sua missão, ter iniciativa e conquistar bons resultados – em resumo, saber dar conta do recado.

Quem trabalha liderando uma equipe, lidando com gente, e não estimula e não sabe cobrar, ou não sabe escolher os melhores profissionais para escalar um time vencedor, trazendo as melhores pessoas para o seu lado, não está fazendo bem o dever de casa. Esse dever, pelo menos, fiz muito bem feito. A cada etapa do caminho, à medida que as condições permitiam, pude sempre escalar equipes vencedoras. E essa talvez tenha sido uma das coisas mais importantes que aprendi a fazer na vida, porque do mesmo modo que uma boa equipe motiva a gente e estimula todo o mundo a andar para a frente, uma equipe ruim pode levar tudo a perder.

Em alta velocidade

Se na escola eu tinha dificuldades com os estudos e as provas, na vida profissional acabei me tornando um especialista em solucionar problemas com rapidez. Aprendi que não vale a pena ficar remoendo um problema: a melhor coisa é poder resolver logo e tocar a vida para a frente, com clareza e objetividade – e com a humildade de saber reconhecer quando está errado, para virar o jogo para o lado certo o quanto antes.

Num ramo de atividade que lida com gente, com relacionamentos, com uma enorme diversidade de ideias e opiniões, a confiança e a credibilidade são valores fundamentais para que as coisas funcionem bem. Para conquistar isso não há nada melhor que ser sincero e correto em todas as situações. Afinal, a vida não é sempre um mar de almirante nem um céu de brigadeiro, e a gente tem que enfrentar os problemas e os desafios de frente.

Como sempre gostei de conversar e de fazer amizades, desde garoto, e especialmente com a experiência de um trabalho voltado para entender as necessidades de cada cliente, buscando ajudar cada um deles a se comunicar com seu público da maneira mais ampla possível, acho que consegui desenvolver uma boa habilidade para me relacionar com todo tipo de pessoa e para encontrar soluções com máxima presteza.

> *"O Chico está sempre ligado, disponível, em contato com cada um dos sócios. E quando precisamos de uma decisão muito aguda, muito complexa, ele é imbatível: consegue tomar decisões difíceis rapidamente e botar todo o mundo na mesma trilha com muita habilidade. É muito respeitado, tem uma capacidade de ficar próximo das pessoas, de achar uma conexão, muito rápido."*
>
> DIEGO RUIZ

Essa rapidez pesou a favor na balança na maioria das vezes, ajudando a equilibrar as outras tantas dificuldades que sempre tive: das línguas, do senso de orientação ou de uma formação mais culta. Quando preciso tomar decisões importantes, procuro sempre o caminho mais curto e mais imediato, muitas vezes seguindo o instinto. Quando não dá certo, por um ou outro motivo, também sou o primeiro a me desculpar e a tentar consertar a situação com a mesma velocidade. Felizmente o instinto costuma funcionar e também ficou cada vez mais afiado ao longo dos anos.

Claro que errei muitas vezes na vida, mas acho que o índice de acertos foi bem maior. E nunca deixei de reconhecer os erros e tentar consertá-los na mesma hora. Não vale a pena deixar um assunto mal resolvido, a melhor coisa é poder deitar no travesseiro sem ter deixado nenhum problema para o dia seguinte. Se a gente deixa um problema sem solução, ele acaba ficando cada vez maior e mais difícil de resolver: é melhor agir com rapidez, e não ter medo de voltar atrás.

Até hoje, mesmo que já não esteja atendendo diretamente os clientes, participo de todas as decisões estratégicas importantes da empresa e estou sempre à disposição dos sócios para ajudar a resolver os problemas prontamente na hora em que aparecem, como sempre fiz.

Se cheguei a essa posição, isso se deve às habilidades que aprendi na vida, juntando e liderando gente para tocar os projetos em frente, procurando sempre fazer as coisas bem feitas, da maneira correta e com a maior clareza, rapidez e objetividade possíveis – sem deixar nunca de compartilhar, de ouvir a opinião dos outros, e de saber reunir as pessoas certas nos momentos certos para ajudarem a buscar os melhores caminhos e soluções.

Aprendizagens

O processo de tomada de decisões é algo fundamental para determinar os rumos de uma empresa. Por conta das próprias características da nossa atividade, baseada em gente e em relacionamentos, tive a oportunidade de conhecer muitas pessoas e conviver com profissionais das mais diversas áreas, e de aprender bastante com a experiência e as ideias de cada um.

Para entender as necessidades dos clientes na área da comunicação e encontrar as melhores soluções para cada tipo de negócio, para dar o recado deles pelo caminho mais curto e mais direto para o seu público, tive uma infinidade de encontros e reuniões com donos de empresas, gestores e administradores, o que foi – e continua sendo – um aprendizado constante.

Poder trabalhar junto com eles foi algo que me ajudou a desenvolver uma visão estratégica mais ampla, baseada em metas e resultados, e sou muito grato por ter tido esse privilégio e essas oportunidades, que também ajudaram a FSB a se aprimorar ao longo dos anos.

Se a gente deixa um problema sem solução, ele acaba ficando cada vez maior e mais difícil de resolver: é melhor agir com rapidez e não ter medo de voltar atrás.

Em pouco mais de quatro décadas com a responsabilidade de tomar decisões diariamente para conduzir o negócio, acordando de manhã e indo dormir à noite sempre com algum assunto da empresa na cabeça, acho que felizmente tive a sorte, desde o início, de poder me espelhar nas lições de gente bem mais experiente do que eu e de aprender com os erros e acertos que pude observar e conhecer a partir da trajetória de outros empresários e de outros modelos de negócios nos setores mais variados.

Com o tempo a gente também vai ganhando experiência e vai ficando mais confiante na tomada de decisões. O mais importante é saber ouvir, aprender com as opiniões dos outros e ter rapidez e coragem de assumir suas próprias decisões e responsabilidades.

Vencendo os desafios

Por mais que a gente procure acertar sempre na busca das melhores soluções para cada problema, existem coisas que às vezes fogem do nosso controle.

Não posso deixar de destacar dois momentos decisivos na história da FSB, que mudaram o meu norte.

O primeiro foi por ocasião do meu acidente, em 2011. Se por um lado foi péssimo para mim, que passei quase um ano inteiro sem poder andar e até hoje tenho dores e limitações no movimento da perna, para a empresa acabou sendo um momento de transição importante.

Fui obrigado a me ausentar do escritório, Marcos Trindade tomou a frente dos negócios no dia a dia e teve a capacidade de assumir essa responsabilidade com grande competência, tocando adiante a FSB com a ajuda dos outros sócios e diretores, tomando as decisões corretas, ocupando seu espaço e praticamente se tornando de fato o CEO da empresa, o que seria oficializado em 2018 quando o processo de sucessão começou a ser encaminhado.

O acidente acabou antecipando uma situação que não estava programada mas que gerou ótimos resultados para a FSB. Ao mesmo tempo em que Marcos pôde assumir a direção com uma dedicação redobrada, isso me proporcionou começar a realizar diariamente os encontros na minha casa, promovendo cafés da manhã, almoços e jantares para reunir cada vez mais gente, construindo as pontes de relacionamentos que são essenciais para nossa atividade.

Ao mesmo tempo, Marcos se revelou um empreendedor determinado e construiu um novo negócio com a sua família, o *spa* Rituaali, em Penedo, praticamente a meio caminho entre Rio e São Paulo, oferecendo um serviço de altíssima qualidade na área de saúde e bem-estar. Assim como sempre gostei de receber gente na minha casa, ele inventou uma nova maneira de juntar as pessoas e promover encontros, e isso se acabou se tornando também indiretamente uma frente importante para a FSB.

Um outro momento decisivo foi o da pandemia de 2020, que nos forçou a tomar uma série de decisões importantes num tempo curtíssimo e a nos adaptar a um cenário muito diferente do que estava no nosso radar. Entramos numa tempestade violenta, como todo o mundo, mas conseguimos nos reorganizar rapidamente, entender essa mexida de tabuleiro e antecipar uma série de soluções que ajudaram a dinamizar o negócio de forma acelerada.

Para o nosso ramo de atividade, as mudanças ocorridas nesse período, como as reuniões instantâneas por videoconferência, trouxeram uma agilidade maior e uma capacidade de resolver as coisas de uma maneira muito mais rápida, mais prática, barata e eficiente. A empresa está saindo dessa tempestade mais forte e mais unida.

O mundo globalizado

Ao longo dessa trajetória, aquele negócio pelo qual ninguém dava nada no começo dos anos 80 foi tomando corpo aos poucos, crescendo dia a dia, subindo degrau a degrau, sempre colhendo os frutos de um trabalho incansável para entregar a cada cliente um resultado melhor do que ele espera da gente.

A FSB foi uma das pioneiras do setor de comunicação corporativa e soube aproveitar as oportunidades e se adaptar às mudanças cada vez mais rápidas do mercado e da própria sociedade, especialmente depois das transformações trazidas pelos computadores e pela era digital.

Na esteira dessas mudanças, uma das novidades foi a tal da globalização. Num mundo cada vez mais conectado, muitos grupos estrangeiros passaram a investir na incorporação de empresas locais para entrarem em um novo mercado ou expandirem seus negócios, e no ramo da comunicação isso não foi diferente.

Recebemos várias ofertas para vender a FSB para grupos maiores, e na época a empresa já tinha um valor de mercado bastante significativo, o que representaria um bom dinheiro para os sócios no caso de negociarmos nossa participação. Para o sócio majoritário isso parecia um ótimo negócio, e fui aconselhado por muitos amigos, empresários e economistas a aceitar algumas dessas propostas, mas achei – por mais que do ponto de vista financeiro parecesse a coisa certa – que não valia a pena entrar nessa onda.

Ainda que a empresa pudesse ganhar força pela injeção de recursos, e mesmo que eu continuasse na direção por alguns anos, como é comum acontecer, achei que perderíamos justamente a autonomia de buscar as soluções mais imediatas para atender os clientes, pois dependeríamos de uma consulta a uma matriz internacional, onde muitas vezes os negócios locais aqui no Brasil poderiam não ser prioritários.

Contrariando os especialistas, conselheiros, amigos e até mesmo alguns sócios, preferi que a empresa seguisse no mesmo rumo traçado desde o início, caminhando com suas próprias pernas e crescendo com suas próprias forças.

Não me senti confortável para ver a FSB tomar uma direção diferente, e o lado financeiro, por mais importante que seja, não é o principal. Sempre vi o dinheiro como consequência de um trabalho bem feito, e achei que poderíamos ter resultados ainda melhores no longo prazo seguindo nessa linha, como sempre fizemos.

> *"A FSB foi sempre muito assediada com propostas de compras por parte de outras empresas, e nunca vi o Francisco sequer cogitando essa hipótese. A verdade é que ele criou a empresa como você cria um filho; até as premissas que ele usou para construir o negócio são princípios que você também ensina para os filhos, para depois tocarem a vida em frente mas com base naquele legado. A FSB é ao mesmo tempo o presente e o legado do Francisco. Acho que o principal temor dele era que uma venda para um grupo estrangeiro fizesse a empresa perder a sua cultura."*
>
> GABRIELA WOLTHERS

Na minha cabeça, não consegui entender nem quantificar o que um sócio estrangeiro poderia trazer para agregar valor ao negócio. Para um negócio baseado em relacionamento, não vi como isso traria benefícios. Não é que eu veja qualquer problema em abrir mão da minha participação societária, muito pelo contrário, afinal sempre fiz isso para trazer gente competente para a sociedade, com ótimos resultados.

Hoje, com o processo de sucessão já consolidado e em andamento, e sabendo que a empresa vai ficar nas mãos dos sócios que ajudaram a construí-la, mantendo sua identidade, sua cultura, seus princípios e os valores que a trouxeram até aqui, tenho certeza de que tomei a decisão correta. A maioria das concorrentes em nosso setor – assim como em muitas outras áreas – fez esse movimento de venda e se associou a grupos estrangeiros nas últimas duas décadas, e a verdade é que nenhuma delas demonstrou até agora resultados melhores que os da FSB, que permanece cem por cento brasileira.

Com Marcos Trindade, no evento anual da empresa no Country Club do Rio de Janeiro, em 2014.

O maior sucesso é uma sucessão bem feita

Tudo tem um começo, um meio e um fim. Quando estava chegando perto dos 70 anos, comecei a preparar minha saída gradual da empresa, organizando um processo de sucessão que pudesse ser o mais bem articulado possível, com a participação de todos os sócios, e que mantivesse a FSB fiel aos seus princípios, na mesma trilha de sucesso que começamos a construir mais de 40 anos atrás.

Não vejo essa "passagem de bastão" como uma aposentadoria, mas sim como uma estratégia de consolidação e crescimento da empresa dentro das ideias que sempre a nortearam: de contar com os melhores profissionais nas mais diversas áreas, com as melhores cabeças, com gente competente, dedicada e apaixonada pelo que faz, buscando entender e atender a necessidade de cada cliente para oferecer sempre os melhores resultados ao nosso alcance, com o objetivo de entregar sempre mais do que o cliente espera da gente.

Essa foi a receita principal para criar um negócio bem-sucedido. À medida que você oferece um bom resultado, com um serviço bem feito e um bom custo-benefício, o cliente fica dependente de você – no bom sentido. E foi assim que a empresa cresceu, dia após dia, ano após ano, conquistando novos clientes e mantendo os antigos. À medida que foram surgindo mais trabalhos e novas oportunidades, pudemos aprimorar cada vez mais a equipe, as ferramentas e o portfólio de serviços oferecidos, até que a FSB se firmou como líder no setor da comunicação empresarial.

Com o tamanho atual da empresa, a carteira de clientes que temos e o volume de trabalho envolvido tanto no atendimento à área privada quanto à área pública, não é muito simples organizar um processo de sucessão da maneira adequada. Já conheci vários casos de empresas que não souberam realizar bem essa transição.

Aprender com o outro

Sempre gostei de gente, de fazer amizades, de conversar, de conhecer pessoas. E sempre aprendi muito com as pessoas, ao conhecer melhor suas ideias. Continuo aprendendo até hoje.

Quando resolvi montar o negócio focado em comunicação, deixando a área de promoções de eventos e trocando o nome da empresa de Promoshow para FSB, conversei bastante com diversos amigos e com vários jornalistas experientes, para explicar o que pretendia fazer e me orientar melhor, buscando conselhos de pessoas do ramo.

Muitos duvidavam do projeto e me aconselharam a buscar outros caminhos. O negócio de assessoria de imprensa era malvisto, o mercado do jornalismo estava bem aquecido e era difícil conseguir mão de obra qualificada para a empresa. O jornalista que mais me incentivou, que me deu bons conselhos lá no início e me estimulou a seguir em frente foi o Evandro Carlos de Andrade. Era um profissional respeitadíssimo, eu gostava muito dele, e me lembro até hoje do que ele disse: "Chico, se você gosta disso, se quer fazer, vá lá e faça, mas faça direito. Sem gambiarra. Assine a carteira, seja correto, seja organizado, faça uma coisa bem feita."

Isso era tudo de que eu gostava: fazer bem feito. Depois de tantas tentativas de me estabelecer profissionalmente, e acreditando no potencial daquele negócio, segui à risca as lições do Evandro. E continuei aprendendo a ouvir as ideias e os conselhos dos outros e a utilizar tudo que pudesse ajudar a empresa a crescer e a funcionar melhor, como faço até hoje.

Um time de conselheiros

Para organizar o processo sucessório, segui a mesma receita que sempre deu certo: reuni uma equipe de gente qualificada para ajudar a encontrar um modelo que atendesse da melhor maneira as minhas expectativas e que trouxesse os melhores resultados possíveis para a empresa.

A direção desse processo ficou a cargo de dois amigos da vida toda: Lywal Salles, profissional com muita experiência nas área empresarial e financeira – e que me ajudou no início da FSB, confiando no meu trabalho e trazendo clientes importantes como o Chase Manhattan –, e Henrique de Queirós Mattoso, praticamente um irmão, que sempre me orientou com as finanças e é quem cuida do meu testamento. Além deles, pedi a ajuda do Luís Carlos Lima, consultor altamente qualificado que sempre prestou ótimos serviços para a FSB, e contamos também com Raphael Miranda, advogado experiente nessa parte de direito empresarial, para dar forma jurídica e orientar as questões societárias do processo.

Desde que comecei a admitir a entrada de novos sócios na FSB, nos anos 90, fui abrindo mão de parte das minhas cotas, sempre com a intenção de trazer gente competente para a empresa, que agregasse valor.

Quando alguns deles saíram da sociedade ao longo desse caminho, comprei de volta as cotas e segui redistribuindo entre novos sócios, mas sempre mantive uma participação majoritária.

> *"O Chico pensa fora da caixa, ele não vem com um problema: já chega com a solução. Esse projeto sucessório da FSB foi extremamente desafiador e único, porque ele já sabia o que queria. A gente tinha que formatar e entregar essa resposta da forma mais simples e objetiva, contemplando toda a estruturação societária, todo o modelo econômico e financeiro, todas as questões de metas a serem atingidas para que essas condições pudessem ser alcançadas. Foi um planejamento sucessório completamente diferente de tudo que já fiz em meus quase 30 anos de profissão."*
>
> RAPHAEL MIRANDA

Com a incorporação da Loures Consultoria em 2019 e a entrada de Alexandre Loures no quadro societário, juntamente com Diego Ruiz e Renato Salles, e com a efetivação de Gabriela Wolthers e Marcelo Diego como sócios em 2020, minha participação – que tinha começado com 100% – passou a ser de 50% da empresa.

Os meus amigos e conselheiros eram a favor da venda de todas as minhas cotas, o que seria mais vantajoso do ponto de vista financeiro, mas também já me conhecem há bastante tempo para entender a minha visão das coisas e o rumo que gostaria que a empresa tomasse.

> *"No final ficou um modelo bem engenhoso da parte do Chico, pois criou não só uma maneira de se afastar gradualmente do comando, como estabeleceu todos os parâmetros para garantir não só que ele receba sua parte adequadamente, mas que o processo sirva de estímulo para os outros sócios ocuparem o espaço de liderança que ele está deixando. Financeiramente falando, a melhor decisão seria vender a sua participação integralmente para um grupo estrangeiro. Mas a opção do Chico foi de não maximizar o valor a receber, em prol de que os sócios atuais sejam aqueles que vão continuar a história da FSB."*
>
> LUIZ CARLOS LIMA

O lado financeiro nunca foi o mais importante: a meu ver, ele é a consequência de um bom trabalho bem feito. É como o caso de um atleta que, quanto mais treina, mais tem sorte: quanto mais e melhor a gente trabalha, mais a gente ganha. E assim o valor

Na reunião anual da FSB em 2014, com os sócios Marcos e Magno Trindade.

patrimonial da FSB foi crescendo e se tornando inacessível aos sócios minoritários que pudessem se interessar pela compra das minhas cotas.

> *"O Francisco teve a oportunidade de vender a empresa várias vezes, mas acreditou no projeto de que, sendo nacional, a FSB poderia crescer ainda mais. Ele tem uma ambição que não é por dinheiro, é para que o negócio dê certo. De ser o melhor, de fazer um bom atendimento, de ampliar relacionamento, de poder ajudar na operação com excelência. Eu não vejo os nossos concorrentes com a energia dinâmica que nós temos – gente pensando, trabalhando, entregando, recebendo, se dedicando. Nem de perto. Não há nada parecido com isso, e isso é a cara do Francisco. É a cara e a energia dele, o que de fato se esparrama pela empresa. E hoje as nossas lideranças compartilham dessa mesma energia."*
>
> RENATO SALLES

A minha maior vontade era que a empresa pudesse ficar nas mãos das pessoas que ajudaram – e continuam ajudando – a construí-la, que compartilham desses valores e princípios que estão presentes desde a fundação e que podem levar adiante esse trabalho com os melhores resultados possíveis. Foi com isso em vista que formei um conselho, e durante vários meses essa equipe conversou com todos os sócios, até chegar a um modelo de sucessão que atendesse a todos da melhor maneira.

> *"Esse movimento do Francisco é de uma coragem, é de um cuidado com o legado, que tem duas consequências diretas: em primeiro lugar as pessoas percebem que vão ter oportunidades, o que gera um efeito multiplicador. O segundo efeito é de jogar uma responsabilidade grande em cada um de nós, para seguir levando em frente, com o mesmo nível de excelência, o trabalho de uma vida inteira. Acho que hoje a FSB é como um avião: uma asa é o presente, a outra é o futuro. O desafio está justamente em você pilotar o avião com essas duas asas se equilibrando, se apoiando."*
>
> MARCELO DIEGO

Combinamos um processo escalonado e gradual de transferência das minhas cotas para os outros sócios, estabelecendo metas de resultados para todos eles em troca da cessão das cotas, que será efetivada inicialmente num prazo de cinco anos de acordo com o cumprimento dessas metas. Nessa primeira etapa, um percentual das minhas cotas será repassado aos sócios, e ao fim desse prazo inicial ajustaremos uma nova meta para os cinco anos seguintes, o que me garante uma remuneração ao longo dos próximos anos que seja suficiente para tocar a vida e ainda uma quantidade de cotas para redistribuir para os sócios que seguirem cumprindo suas metas, ou até mesmo para novos sócios.

> *"Muitas empresas que foram vendidas para grupos estrangeiros acabaram encolhendo. O Chico está fazendo um negócio completamente diferente. Ele está trocando resultado por participação, e assim ao mesmo tempo ele incentiva e premia quem está dentro, quem contribuiu para a construção da empresa nos últimos anos. Então tem uma generosidade e uma visão do Chico nesse momento que é muito importante e diferenciada. O modelo proposto para a sucessão estimula a performance duas vezes: a gente recebe pelo desempenho, o nosso bônus etc., e ao mesmo tempo a gente está trabalhando para aumentar nossa participação na sociedade. Isso cria um círculo virtuoso e interessante."*
>
> FLÁVIO CASTRO

A ideia é implementar esse modelo para que todo mundo que trabalha no grupo com essa mesma dedicação, e trazendo bons resultados, tenha a oportunidade de um dia se tornar também sócio da empresa. Assim como Marcos Trindade será o meu sucessor no comando da FSB, em mais alguns anos ele também poderá redistribuir sua participação para que venham novos sócios e sucessores, e assim por diante.

> *"O processo de sucessão da FSB foi um trabalho inovador, sem igual na indústria de comunicação, bem amarrado em metas claras e calcado no conceito de mérito. O Chico idealizou uma coisa diferente do usual, e para transformar essa ideia em algo aplicável foram necessários quase dois anos, com várias análises e simulações financeiras e inúmeras discussões sobre as implicações jurídicas e tributárias. Foi também, sem dúvida, a maior demonstração de generosidade que eu já vi de um empresário brasileiro. Ele partiu do conceito de doação – diferente dos planos tradicionais de 'opção de ações' e de 'restricted stocks' –, sem custo financeiro para os adquirentes, que recebem suas cotas depois de um prazo de cinco anos, de acordo com as metas estipuladas e com os resultados apresentados, tanto pela empresa como por cada um dos sócios individualmente. Enfim, o Chico estabeleceu um processo transformacional, assim como foi e é a sua trajetória de vida."*
>
> LYWAL SALLES

Sempre acreditei que trazendo mais gente para o meu lado, compartilhando, a empresa iria crescer. Melhor do que ficar pequeno sozinho é dar oportunidade para mais gente crescer junto, para melhorar sempre, para desenvolver mais rápido, para desempenhar melhor. Esse é o espírito da coisa. Vou fazer a transição mais tranquila da minha vida entregando, disponibilizando uma participação maior para as pessoas que compartilham essa cultura da FSB.

Temos um time de gente muito talentosa, altamente preparada, que conhece e entende esse mercado como ninguém, e com apetite e dedicação para realizar um bom trabalho e levar a empresa na direção certa, no rumo da qualificação, da inovação, no uso de novas tecnologias e com um olhar firme no presente e no futuro.

Espero ter deixado um bom legado, com essas receitas tão simples e diretas que fundaram e construíram a empresa, para que ela possa continuar crescendo e prosperando – dentro de uma parceria sólida, fundada em muito respeito, amizade e confiança – nas mãos de pessoas que vão trabalhar e vão conquistar cada vez mais, com competência e mérito, o espaço delas.

Com Marcos Trindade no evento anual da empresa no Country Club do Rio de Janeiro em 2014.

Construir e compartilhar

> *Quem não se comunica*
> *se trumbica.*
> CHACRINHA

Quando a gente faz o que gosta e gosta daquilo que faz, quando a gente se dedica de verdade, quando a gente traz gente mais competente do que a gente para trabalhar junto com a gente e entregar ao cliente mais do que ele espera da gente, quando a gente faz as coisas bem feitas até nos pequenos detalhes, com planejamento, organização e disciplina, quando a gente enfrenta os problemas de frente, com clareza e objetividade, sem procurar desculpas ou colocar a culpa nos outros, quando a gente compartilha, quando a gente conquista e cultiva novas amizades e relacionamentos, quando a gente agrega e aproxima as pessoas, sempre no sentido de construir, de melhorar a cada dia, os resultados cedo ou tarde acabam aparecendo.

Não é à toa que a palavra "gente" está tão repetida nesse parágrafo de cima, bem como em todo este livro. Essa é a coisa de que eu mais gosto na vida: de gente, de me relacionar com as pessoas, de fazer amizades, de conhecer e de aprender com as ideias dos outros, de me cercar de gente boa para botar de pé cada projeto.

Afinal, como também já repeti ao longo dessas páginas, ninguém constrói nada sozinho.

Para trabalhar no ramo da comunicação, se relacionar bem com gente de todo tipo é um ingrediente essencial. Tive a sorte de encontrar um caminho profissional baseado justamente naquilo que mais gosto, que é gente, construir relacionamentos, juntar as pessoas. Sempre tive essa facilidade de fazer novos amigos, desde garoto, e não imaginava que uma das principais receitas de sucesso no trabalho viria justamente daquilo que para mim era a coisa mais fácil de fazer: simplesmente saber me comunicar e me relacionar bem com todo mundo.

Quando encontrei a fórmula do *fee* mensal e vislumbrei uma maneira de trabalhar prestando serviços na área de comunicação, fazendo aquilo que mais gostava, apostei naquela ideia com tudo que tinha, com dedicação total ao trabalho, à organização e à construção de uma empresa que nunca pretendeu ser a maior, mas sempre buscou ser a melhor na sua área.

O serviço de comunicação começa por saber ouvir e entender o problema do cliente, passa pela presteza e pela criatividade na busca de soluções para encontrar os melhores caminhos para dar o recado, para chegar ao seu público-alvo. Todo esse negócio é baseado em gente, nos relacionamentos, nas pontes que podemos estabelecer entre as pessoas para que esse recado chegue pelo caminho mais curto.

> *"Quando o Chiquinho passou a mexer com o negócio de assessoria de imprensa, pegou um filão que era meio amador e foi o primeiro que levou para esse campo um padrão moderno de gestão. Conseguiu bons clientes, empresas grandes, e foi buscar modelos para a estruturação da comunicação. Começou a prestar uma assessoria que ajudava as empresas a se organizarem por outra vertente que não era só a relação com a imprensa: ele também organizava a comunicação interna, de um jeito muito profissional. Criou um patamar novo para o negócio, botou gente muito competente do lado dele, fez os caras virarem sócios, e esse pessoal cresceu junto. Ele aprendeu tudo muito rápido, e só no bom senso, não tinha nenhum tipo de formação nessa área. O Chiquinho é um exemplo, um craque."*
>
> FERNÃO LARA MESQUITA

Como não somos donos de nenhum veículo próprio, buscamos sempre os melhores veículos, as melhores ferramentas e as melhores soluções para cada cliente passar o seu recado. Para conquistar o respeito e a atenção dos veículos, é preciso realizar um trabalho muito bem feito em todas as etapas e em cada detalhe, desde a elaboração do conteúdo até a apresentação final para veiculação.

Nos últimos 40 anos, desde que a FSB começou a atuar como uma das pioneiras nessa área, o mundo passou por mudanças significativas, especialmente na área da comunicação, com o surgimento dos computadores, da internet, dos celulares e das redes sociais. Todas essas transformações da era digital ampliaram as possibilidades de trabalho, de produtividade e de resultados no setor. Enquanto alguns veículos tradicionais perderam espaço, outros surgiram, trazendo também novas ferramentas e novos desafios.

O maior patrimônio que uma empresa pode ter nesse cenário de mudanças tão velozes é a sua credibilidade, sua reputação, sua imagem, e uma marca de qualidade nos seus serviços e produtos que a diferencie das concorrentes. Para trabalhar a veiculação da marca de nossos clientes, antes de tudo o mais importante foi construir, dia após dia, essa credibilidade e essa marca de qualidade dentro da própria FSB.

Desde a entrada da Loures Consultoria no grupo em 2019, passamos a abrir espaço para a incorporação de novas empresas e para a ampliação do leque de serviços e produtos oferecidos aos clientes. Em 2020, mesmo com as dificuldades trazidas pela pandemia, a empresa não parou de trabalhar e de buscar novas frentes, com resultados bastante animadores. Em 2020 foi lançada a Bússola, plataforma de conteúdo realizada em parceria com o portal Exame. Em 2021, fundamos a F5 Business Growth e trouxemos para comandá-la Renato Mendes, com toda sua *expertise* na área digital, e incorporamos também a Giusti Comunicação, agência fundada por Edson Giusti em 2003, que agrega uma carteira de clientes importantes.

Tudo isso é fruto do trabalho, empenho e dedicação ao longo dos anos para conquistar essa credibilidade junto aos veículos e aos clientes e assim construir e qualificar nossa marca, juntando as melhores cabeças numa equipe preparada para utilizar todas as ferramentas que tivermos ao nosso alcance para dar o recado dos clientes ao público.

Hoje é gratificante poder acompanhar de perto uma nova geração de profissionais competentes e talentosos na direção da empresa, trabalhando juntos com amizade, respeito e seriedade, buscando as melhores soluções para as necessidades de cada cliente, cultivando os valores que fundaram a empresa e compartilhando os resultados.

Quando a gente planta bem e trabalha bem para cultivar, com certeza vai colher bons frutos lá na frente.

Seguindo a natureza

Não foi apenas como empresário que pude plantar e colher bons frutos. Além de gostar muito de gente, também tenho uma paixão pela natureza e pelos bichos, especialmente os cavalos. Isso me acompanha desde criança, quando passava os verões na Fazenda Recreio, em Poços de Caldas, com a família.

Os cavalos e o hipismo me ensinaram boas lições de equilíbrio e disciplina, me estimularam a subir o sarrafo cada vez mais alto, etapa por etapa, no esporte e no trabalho, e ainda me trouxeram novas paixões, empreendimentos e realizações em paralelo com as atividades de empresário.

Por causa dos cavalos e das aulas de hipismo com a amazona Lucia Faria, no início dos anos 90, comecei a frequentar o Paddock, um centro de treinamento equestre que ela mantinha na região serrana, perto de Petrópolis, junto com seu marido, o cavaleiro Antonio Alegria Simões, que conheço desde criança. Faço aniversário no mesmo dia que ele, por isso lembro bem a data que marcou uma das grandes mudanças da minha vida: no dia 10 de fevereiro de 1995, quando completei 46 anos, convidei alguns amigos para jantar comigo e com a Fernanda na Pousada da Alcobaça, em Corrêas, entre eles Lucia e Antonio, que nessa ocasião falaram do projeto de lotear o terreno do Paddock e oferecer os terrenos a alguns amigos e alunos.

Era uma oportunidade para quem quisesse construir uma casa de veraneio ali, a pouco mais de uma hora e meia de distância do Rio e aproveitando toda a estrutura já instalada de cocheiras e equipamentos para a prática do hipismo.

Gostei da ideia e resolvi dar força para o projeto. Eram 22 lotes, que foram vendidos para 14 proprietários. Comprei dois lotes logo de início, ainda naquele ano de 1995, e pouco tempo depois mais dois. Em maio de 96 comecei a construir uma casa lá e a viajar todo fim de semana para acompanhar as obras.

Era uma terra muito pobre, completamente devastada pelas queimadas e incêndios. Ali só crescia um mato bem ralo, sapê, arranha-gato, praticamente não havia nenhuma árvore. E o terreno era bastante acidentado, com vários morros que margeavam a estrada. Aos poucos começamos a utilizar a serragem dos cavalos como matéria orgânica para adubar aquela terra e fomos plantando as primeiras árvores. No início era uma luta para proteger o terreno das queimadas, bastante frequentes.

Projetei diversos caminhos para ligar cada parte do terreno, com estradinhas para os carros e passagens mais estreitas para andar a pé. Tudo começou a ser construído passo a passo, pedrinha por pedrinha, como gosto de fazer: com muito planejamento, organização e atenção a cada detalhe.

> *"A gente desenvolveu uma dinâmica muito interessante na construção do loteamento e o Chiquinho acabou virando naturalmente o líder do nosso grupo, pela dedicação, pela obsessão por qualidade, por fazer bem feito, com um perfeccionismo inacreditável. Hoje o Paddock é um centro equestre de padrão internacional."*
>
> JOÃO ROBERTO MARINHO

Em 1997 nossa casa ficou pronta e passei a subir todo fim de semana com a Fernanda para o sítio. Acabei me tornando síndico do condomínio na mesma época, e continuo até hoje. Enquanto iniciava um processo de reflorestamento no meu terreno, que ao longo dos anos foi se expandindo com a aquisição de algumas terras das fazendas vizinhas, me dediquei também bastante às melhorias na estrutura do Paddock, tanto nas cocheiras quanto nas pistas de treinamento e de competição.

Sempre tive a ideia de que o sítio seria um espaço para a recuperação e preservação da natureza e que pudesse se tornar também uma espécie de santuário para as aves e os animais silvestres, além de uma fazendinha para a criação de gado e de cavalos.

Por conta disso, pensei inicialmente em batizá-lo com o nome de São Francisco, em homenagem ao santo protetor dos animais – o problema é que poderia parecer uma homenagem ao meu próprio nome. Preferi então homenagear o santo de quem minha querida avó Mathilde era devota, e assim ficou batizado como Sítio Santo Antônio.

A história desse projeto de recuperação da natureza merece um livro à parte. São mais de 25 anos dedicados ao plantio de árvores, passando pelas obras mais variadas para a irrigação do solo e a criação de um *habitat* para as aves e os bichos. Gosto de ver os bichos soltos, e uma das maiores alegrias que tenho é poder andar pelo sítio hoje cercado pela mata e aproveitar a convivência com as mais diversas espécies de pássaros e de animais.

A receita é a mesma de sempre: juntar gente competente e comprometida com o projeto, formar uma equipe recheada de bons profissionais e trabalhar muito, dia após dia, para uma construção bem feita. O sítio é a realização do sonho que sempre tive desde criança, de ter minha própria fazenda. É como uma verdadeira fazendinha, com diversas criações, muita árvore frutífera, com gado leiteiro e a produção de queijos artesanais que distribuo entre os amigos. Mesmo não sendo um empreendimento comercial – nada do que é produzido no sítio é vendido –, esse projeto de reflorestamento já deu emprego para muita gente e ajudou a desenvolver a economia dos municípios vizinhos.

Hoje passo mais tempo no sítio em Petrópolis do que no Rio. Com as facilidades das ferramentas de comunicação atuais, foi possível estabelecer uma rotina de trabalho que me permite tocar os assuntos da empresa instantaneamente mesmo quando estou no sítio, e nesse último ano pude acelerar ainda mais as obras acompanhando de perto os trabalhos, ao mesmo tempo que organizava o processo de sucessão da FSB.

O sarrafo mais alto

Em abril de 2011, no domingo de Páscoa, saí de manhã para um passeio pelo sítio no lombo de uma mula – Tieta, que sempre foi mansíssima – e ela se assustou com alguma coisa, saiu em disparada e me derrubou. Na queda, além de bater com a cabeça, meu pé ficou preso no estribo e caí sobre o joelho, que ficou estraçalhado.

Na mesma tarde fui levado de ambulância para um hospital no Rio, onde foi confirmada a gravidade da fratura. No dia seguinte passei por uma cirurgia que durou mais de seis horas para reconstruir o joelho, com várias placas e parafusos. Foi a primeira de diversas operações que tive fazer nos meses e anos seguintes.

Passei vários meses de cama, um bom tempo em cadeira de rodas e outro tanto de muletas, até conseguir voltar a andar. Pelo menos não perdi a perna, mas nunca mais pude voltar a dobrar completamente o joelho e a andar normalmente. Também não pude voltar a montar, muito menos a saltar ou competir.

Esse grave acidente foi mais um divisor de águas, que mudou o rumo da vida. Não parei de trabalhar nenhum dia, afinal sempre tive o telefone como principal ferramenta para estabelecer os contatos e relacionamentos com presteza, e mesmo com a limitação dos movimentos fui me adaptando rapidamente, bem como a empresa se adaptou de imediato a essa nova realidade.

A participação do Marcos Trindade foi fundamental, assumindo a responsabilidade de ficar à frente do negócio no dia a dia do escritório, enquanto assumi uma posição mais estratégica de coordenação e tomada de decisões, ao mesmo tempo que reforcei ainda mais a minha casa como uma extensão da empresa.

Eu já recebia muita gente em casa, incluindo os colaboradores e clientes. Como eu sempre gostei de promover encontros e conviver com as pessoas, essa dinâmica se acentuou bastante depois do acidente. Foram literalmente milhares de pessoas que recebi em casa nos últimos anos, entre cafés da manhã, almoços e jantares.

Nunca gostei de reclamar da vida, assim como fico muito incomodado quando vejo alguém colocando a culpa nos outros, na crise ou no governo, procurando desculpas para não entregar um trabalho bem feito. É justamente nos momentos mais difíceis que a tomada de decisões se torna mais importante, para levar as coisas para o rumo certo. Enquanto os outros choram, prefiro vender lenço. E quando o limão vem amargo prefiro fazer uma boa limonada, como diz a sabedoria popular.

Se não podia mais praticar o hipismo depois do acidente, resolvi embarcar num outro projeto esportivo: criar uma equipe de saltos para participar das principais competições no Brasil.

Com a mania de fazer as coisas bem feitas, não medi esforços para estabelecer ao longo dos últimos anos uma equipe de ponta, me cercando de bons cavaleiros, treinadores, veterinários, buscando sempre os melhores profissionais possíveis em todas as áreas.

E principalmente os melhores potros, para formar bons cavalos de competição.

A receita foi a mesma que aprendi como empresário: muito trabalho e dedicação, planejamento, organização, disciplina, atenção aos detalhes, trazer gente competente para o time, estabelecer metas e saber cobrar resultados, e ao mesmo tempo estabelecer um bom ambiente, de confiança e amizade, com todo o mundo procurando melhorar a cada dia. Assim a gente vai subindo o sarrafo aos poucos, cada vez mais alto.

A equipe Santo Antônio de hipismo vem melhorando ano após ano, conquistando resultados cada vez melhores à medida que os conjuntos adquirem mais experiência, e também com a chegada de novos cavalos para compor a tropa. Em 2019, tive a oportunidade de começar uma parceria com um cavaleiro radicado na Europa, Yuri Mansur, adquirindo um cavalo estoniano, Alfons, e iniciando a trajetória internacional da equipe, que passou a competir nos principais palcos do mundo.

O conjunto formado por Yuri e QH Alfons Santo Antônio se destacou nas principais competições do continente e em 2021 conquistou uma vaga nos Jogos Olímpicos de Tóquio. No concurso individual chegaram ao honroso 20o lugar e também participaram da prova final por equipes representando o Brasil.

Como tudo que fazemos na vida, os resultados são fruto de um trabalho bem feito, e a gente colhe lá na frente os frutos daquilo que planta. Para disputar uma competição com chances de vencer, é preciso todo um trabalho que vem de longe, desde a estruturação e manutenção da equipe, passando pelos treinamentos e pela experiência nos concursos. Claro que também é preciso um pouco de sorte, mas a verdade é que quanto mais a gente treina, trabalha e busca alcançar as metas com planejamento e dedicação, mais a sorte ajuda.

Olhar para a frente

Essas foram as principais receitas que aprendi na vida. Todas elas são na verdade muito simples, e a simplicidade é também uma boa receita para conseguir bons resultados, na vida ou nos negócios. Por mais que possa apreciar um prato mais sofisticado, o mais importante ainda é um arroz com feijão bem feito. A partir daí a gente vai acrescentando novos temperos.

Sempre gostei muito de conversar, fazer novas amizades e conhecer gente de todo tipo, aprendi muito e continuo aprendendo com os outros – tanto com empresários mais experientes e com as histórias de negócios que deram (ou que não deram) certo, procurando seguir os bons ensinamentos para uma gestão cada vez mais eficiente, quanto com gente mais simples, como o pessoal que cuida dos animais no sítio – cada um com a devida sabedoria no seu campo de conhecimento.

Posso dizer que sou um otimista, mas um otimista realista. Gosto de pensar para a frente e me acostumei a encarar os desafios e adversidades tomando decisões com bom senso e presteza, sem deixar de ouvir as opiniões dos outros, buscando sempre o caminho mais curto para encontrar as melhores soluções.

Gosto de compartilhar, e tudo que pude construir na vida foi com a ajuda de muita gente boa. O trabalho na área da comunicação tem tudo a ver com isso, com a ideia de compartilhar: a gente trabalha com informação, que é uma coisa que a gente entrega para o outro e não perde. A gente compartilha, e assim todo o mundo sai ganhando. Cada um aprende com o outro, e quando a gente trabalha da forma correta acaba conquistando a credibilidade e a confiança dos clientes, dos veículos e do público.

Foi assim, conhecendo gente, conversando, aproximando as pessoas, juntando interesses e me cercando de gente competente e talentosa, promovendo encontros e pontes de relacionamentos, que aprendi a construir a base, os fundamentos, para o negócio dar certo na área da comunicação.

Tem muita coisa que não sei fazer – e sou o primeiro a admitir – mas, nessa teia cada vez maior de relações que pude construir ao longo da vida, sei achar rapidamente alguém que saiba e que possa cuidar de praticamente qualquer assunto, ou que conheça alguém que saiba, e assim por diante.

> *"Ao longo de sua trajetória, a FSB subiu o sarrafo no profissionalismo. Todo mundo tem o direito de ver sua narrativa exposta com competência no cenário da opinião pública, que é um palco de guerra de narrativas. Se você quer contar a sua história, a FSB especializou-se em ajudar a fazer isso no nível mais alto possível. E isso exigiu evoluir na diversificação de competências. E isso vem acontecendo sem que a empresa, hoje um grupo, perca as características filosóficas definidas pelo Francisco desde o início de seu funcionamento."*
>
> ALON FEUERWERKER

Trabalhar com aquilo que a gente gosta, gostar daquilo que a gente faz, trazer gente boa para o nosso lado, saber planejar com organização e disciplina, traçar metas e saber cobrar resultados, ter atenção aos detalhes para fazer um serviço bem feito e entregar para o cliente sempre mais do que ele espera da gente – foram esses princípios e essas receitas simples que fundaram a FSB.

A meta nunca foi ser a maior empresa da nossa área, mas sim a melhor. Mesmo que as receitas sejam simples, colocar isso em prática não é fácil. É um trabalho constante e diário, uma construção que a gente realiza tijolo a tijolo, degrau a degrau, há mais de 40 anos.

No início parecia um sonho, muita gente não acreditava, era como puxar uma carroça numa estradinha de terra. Aos poucos a estradinha foi crescendo, se pavimentando, ganhando iluminação, a carroça virou carro, ganhou velocidade e hoje é um verdadeiro avião.

A empresa já enfrentou hiperinflação, diversas trocas de moeda e todo tipo de crise que se anunciou no país ao longo dessas quatro décadas. A gente não navega sempre com o vento soprando a favor, em mar de almirante ou céu de brigadeiro, então é importante aprender a se virar também com o vento contra e a transformar as dificuldades em oportunidades.

O ano de 2020 trouxe muitos desafios não só para nossa empresa, como também para a sociedade em geral, no mundo inteiro, e proporcionou também diversas transformações na forma de trabalhar. Tivemos que nos adaptar, criar novas rotinas, ao mesmo tempo em que articulávamos o modelo de sucessão. Hoje vejo a empresa ainda mais ágil e mais eficiente, com gente competente e bem preparada para tocar o negócio em frente.

Uma das maiores alegrias da minha vida é poder deixar a FSB nas mãos de quem ajudou e ajuda a construí-la, com a certeza de que essa transição gradual, com a participação de todos os sócios no processo, estimulando e incentivando o crescimento da empresa e ao mesmo tempo consolidando os princípios que a formaram, é também uma das melhores receitas para um negócio bem-sucedido.

Tenho mais facilidade em conversar do que em escrever, mas espero com este livro deixar um registro da trajetória da FSB, dos princípios que a fundaram e que sempre cultivamos, e de um modelo aberto para a participação de quem goste de trabalhar com uma visão empreendedora, para quem se dedique a entregar bons resultados, a trazer soluções, com atitude, seriedade e eficiência – e que assim a empresa continue a crescer e possa criar novas oportunidades para trazer sempre mais gente competente para a equipe, formando assim os sucessores dos sucessores.

Tenho certeza de que o avião está pronto para receber novos pilotos e para voar cada vez mais longe, e também espero que essas lições que aprendi ao longo da vida possam servir de estímulo para novos empreendedores, para outros modelos de negócio que saibam olhar para a frente de uma maneira construtiva e para novas histórias de empresas que possam dar certo.

Com Marcos Trindade, que construiu junto comigo a história da empresa, no escritório da FSB no Rio de Janeiro.

Agradecimentos

Toda essa história foi construída com a ajuda de muitas pessoas. Sem elas, não teria feito o que fiz. Em todos esses anos, minha casa e meu sítio foram uma extensão da FSB, onde também me sinto em casa. Recebi e continuo recebendo muita gente em reuniões, cafés da manhã, almoços e jantares, diariamente, promovendo encontros e relacionamentos – algo que sempre adorei fazer –, misturando a vida e o trabalho de tal forma que a história da minha vida se confunde com a da própria empresa.

Por isso quero deixar aqui um agradecimento especial, em meu nome e em nome da FSB, a todos os colaboradores, amigos, clientes e parceiros que participaram e participam dessa história e dessa construção, e a todos que ainda vierem a participar. A gente não constrói nada sozinho, é junto com os outros que a gente consegue chegar mais longe. Se hoje posso compartilhar essa trajetória e tudo que aprendi com ela, é graças a todas as pessoas que estiveram presentes e ajudaram a construí-la.

Muito obrigado a todos!

Créditos

Não posso deixar de agradecer em particular aos sócios da FSB e aos amigos que ajudaram na construção deste livro com seus depoimentos:

ALEXANDRE LOURES – sócio-diretor da FSB, fundador da Loures Consultoria.

ALON FEUERWERKER – foi diretor do escritório de Brasília da FSB e desde 2016 é diretor de Política, encarregado das análises de conjuntura para orientar as visões dos clientes.

DIEGO RUIZ – sócio-diretor da FSB, tem 17 anos de experiência em finanças internacionais.

FERNÃO LARA MESQUITA – jornalista, diretor do Grupo Estado e meu grande amigo há muitos anos.

FLÁVIO CASTRO – sócio-diretor da FSB, jornalista, atua na área de comunicação estratégica e planejamento.

GABRIELA WOLTHERS – sócia-diretora da FSB, jornalista, responsável pelas contas públicas no Rio de Janeiro e em São Paulo.

João Roberto Marinho – vice-presidente do Grupo Globo e também cavaleiro amador, por quem tenho grande admiração e amizade.

Henrique de Queirós Mattoso – amigo de toda a vida, atua como executivo do mercado de capitais e financeiro, foi sócio da Simplific Pavarini.

Lywal Salles – um amigo querido, tem muita experiência na área empresarial e financeira, foi diretor de vários bancos e hoje é membro do conselho de administração da Vinci Partners.

Luiz Carlos Lima – sócio da Action Executivos, consultor de empresas com mais de 25 anos de experiência do mercado.

Magno Trindade – sócio-diretor da FSB, responsável pela parte financeira e administrativa da empresa.

Marcelo Diego – sócio-diretor da FSB, jornalista experiente, trabalhou na Folha de S.Paulo e foi CEO da Máquina de Notícias.

Raphael Miranda – advogado com ampla experiência em resolução de disputas, processos judiciais, arbitragens, mediações e negociações complexas, no Brasil e no exterior.

Renato Salles – sócio-diretor da FSB, responsável pelas contas públicas em Brasília.

Linha do tempo FSB

1980

Criação da empresa, como "Promoshow", em Anexo do Copacabana Palace.

General João Figueiredo, último presidente do regime militar, dá sequência ao processo de abertura política no Brasil.

1983

Primeiros clientes: Chandon, Chase Manhattan e Gomes de Almeida Fernandes.

A sonda Pioneer 10 ultrapassa as fronteiras do sistema solar.

1986

Mudança para a marca FSB.

Plano Cruzado institui congelamento e tabelamento de preços e salários.

1995

Início das operações em São Paulo.

Fernando Henrique Cardoso toma posse como o 34º presidente do Brasil.

2000

Lançamento da nova marca FSB.

Inauguração do escritório de Brasília.

George Bush é eleito presidente dos Estados Unidos, vencendo o candidato democrata Al Gore.

2005

Nasce a FSB Design.

Crescimento na área de política.

Maior emissora de televisão do Brasil, Rede Globo comemora 40 anos.

2006
Inauguração do escritório de Belo Horizonte.

Luiz Inácio Lula da Silva é reeleito presidente do Brasil com mais de 58 milhões de votos.

2007
Entrada no mundo digital com a criação da FSB PR Digital.

Brasil é confirmado pela FIFA como a sede da Copa do Mundo de Futebol de 2014.

2009
Nasce o Instituto FSB Pesquisa.

Rio de Janeiro comemora, com festa na Praia de Copacabana, a escolha como sede dos Jogos Olímpicos de 2016.

2010
Início da FSB Mídia&Análise.

Dilma Rousseff é a primeira mulher a ser eleita presidente do Brasil.

2011

FSB passa pela 2ª mudança de marca.

Prêmio inédito no festival de Cannes "Melhor uso de mídias sociais".

FSB entra no *ranking* do portal The Holmes Report como a 24ª maior agência de comunicação do mundo.

Mundo alcança a marca de 7 bilhões de habitantes, de acordo com a ONU.

2012

FSB é eleita "Agência do Ano" na América Latina pelo portal The Holmes Report.

Inauguração do segundo escritório da empresa no Rio de Janeiro.

Realizada no Rio a Conferência das Nações Unidas sobre Desenvolvimento Sustentável, chamada de Rio+20.

2013

Inauguração do escritório de Campinas.

Nasce a FSB Relações com Investidores.

A XXVIII Jornada Mundial da Juventude foi realizada, em julho, no Rio de janeiro e reuniu 3,7 milhões de pessoas em Copacabana.

fsbcomunicação

2014

FSB é líder do setor pelo 3º ano consecutivo, segundo o Anuário Brasileiro da Comunicação Corporativa Mega Brasil.

Terceira mudança de marca da empresa, passando a se chamar FSB Comunicação.

Brasil sedia a XX Copa do Mundo de Futebol da FIFA.

2015

Criação da FSB Consumo.

Ampliação do escritório de São Paulo.

Uma série de atentados terroristas ao jornal Charlie Hebdo, em Paris, deixa 19 mortos.

2016

FSB cria comitê de *compliance*.

Senado aprova, por 61 votos favoráveis e 20 contrários, o impeachment de Dilma Rousseff.

2017

Ampliação dos escritórios no Rio de Janeiro.

Parlamento do Reino-Unido autoriza início do brexit.

2018

Marcos Trindade assume a liderança da operação da FSB, se tornando CEO.

FSB anuncia parceria com a Loures Consultoria.

Jair Bolsonaro é eleito presidente do Brasil com 46,1% dos votos válidos.

2020

Anúncio da marca Grupo FSB.

FSB lança a plataforma Bússola em parceria com o portal Exame.

Epidemia de Covid-19 se espalha pelo mundo.

2021

Inauguração da empresa F5 Business Growth.

Aquisição da Giusti Comunicação pelo Grupo FSB.

Lançamento da marca Beon, de consultoria em ESG.

Brasil atinge a marca de 600 mil mortes por Covid-19.

Quem quiser conhecer mais
sobre o empresário Chiquinho Brandão,
o projeto de recuperação da natureza
realizado no Sítio Santo Antônio
e a equipe hípica pode visitar o site
www.chiquinhobrandao.com.br

Este produto é feito de material proveniente de florestas bem manejadas certificada
FSC® e de outras fontes controladas